企业行政管理教程

李建华　滕宝红　主编

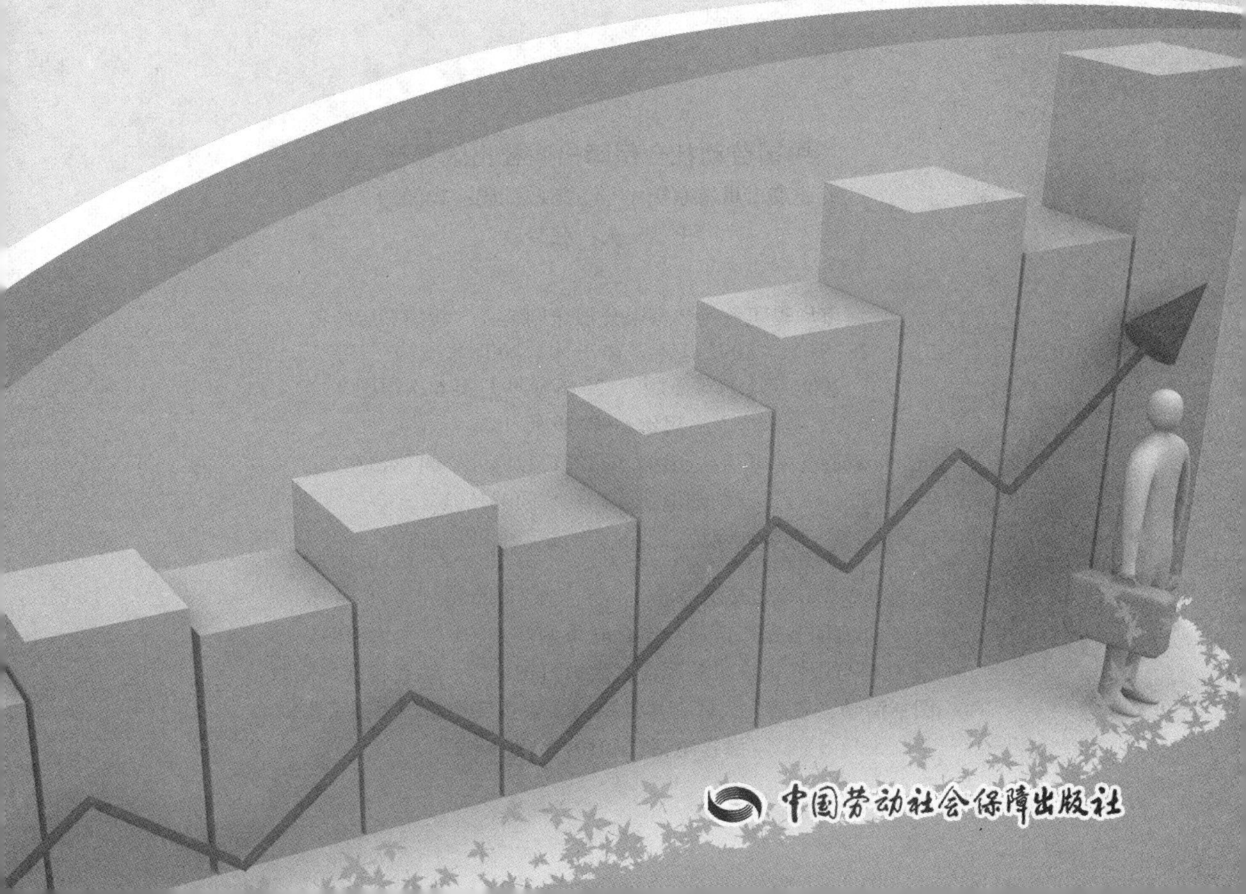

中国劳动社会保障出版社

图书在版编目(CIP)数据

企业行政管理教程/李建华，藤宝红主编. —北京：中国劳动社会保障出版社，2008

ISBN 978-7-5045-7334-6

Ⅰ.企… Ⅱ.①李…②藤… Ⅲ.企业管理:行政管理 Ⅳ.F272.9

中国版本图书馆 CIP 数据核字(2008)第 182997 号

中国劳动社会保障出版社出版发行

(北京市惠新东街 1 号 邮政编码：100029)

出 版 人：张梦欣

*

三河市华骏印务包装有限公司印刷装订 新华书店经销

787 毫米×1092 毫米 16 开本 20 印张 295 千字

2009 年 1 月第 1 版 2016 年 9 月第 6 次印刷

定价：48.00 元

读者服务部电话：(010) 64929211/64921644/84626437

营销部电话：(010) 64961894

出版社网址：http://www.class.com.cn

企业行政管理教程

策划委员会

企业行政管理教程

编辑委员会

行政管理是所有的组织、机构都必须注重的问题，良好的行政管理有利于加强管理，提高效率。企业应该加强行政管理，做好企业的后勤服务工作。

企业行政管理是企业管理的中枢，担负着整个企业的管理和协调工作。我国市场经济的不断完善和社会分工细化，企业规模化、专业化水平不断提高，逐渐参与到经济全球化的浪潮中，和国际先进的企业管理理念同台竞技，对我国企业管理提出了更高的要求。

企业行政管理人员是企业发展的幕后英雄，做的是烦琐复杂的日常行政工作，不仅工作要求高，而且往往吃力不讨好。行政工作联系着企业的各个部门和所有员工，是沟通企业上下的桥梁，是协调企业内外的枢纽，就像一支军队的后勤保障部门，经常是“兵马未动，粮草先行”，军队能否打胜仗，全看后勤准备是否充分，由此可见企业行政管理工作的重要性。

根据我国企业快速成长和企业行政管理相对滞后的现状，我们编写了这本企业行政管理岗位培训课程，本书主要从行政人员的工作职责和范围出发，以行政事务为基准，逐项阐述行政管理工作中应用到的方法、技巧及所需工具，从而将复杂的行政管理工作简单化、条理化、程序化。全书针对企业管理工作的特点，讲述了行政人员在职责范围内应该具备的基础知识和管理技巧，着重介绍了行政人员日常管理工作中所必需的管理工具和管理方法。本书适用于企业领导、高层行政管理人员、行政部门的工作人员和有志于从事企业行政工作的人士使用，同时为企业培训人员提供了可以参照执行的管理工具和管理方法。

企业的行政管理工作内容包括行政事务管理、办公事务管理等。具体包括相关制度的制定和执行推动、日常办公事务管理、办公物品管理、文件资料管理、档案管理、会议管理、涉外事务管理，以及生活福利、车辆、安全卫生等。要做好企业的行政管理工作，必须做到以下几点。

1. 明确岗位职责。明确企业行政部门和各个岗位的行政工作人员职责，如行政总监、行政主管、办公室主任和各级各部门的行政工作人员的权利和责任，每个人该做什么、怎么做都有明确的规定，保证每项工作有人抓。

2. 加强沟通。沟通包括纵向沟通和横向沟通，企业行政管理工作的一个重点就是沟通工作，主要是与上下级的纵向沟通和企业相关部门与外界如政府机关媒体等的横向沟通。

3. 注重信息的收集和整理，并及时提供给管理者。作为一名行政管理人员，最重要的是及时了解企业内部情况的发展变化，以及国家政府机关相关政策和法律规定的变化，为企业的发展壮大和正确做出决策做好参谋工作。

4. 培育传播企业文化。在企业中，仅仅用薪金留人是不够的，还要用企业文化去吸引、感化人。也就是我们通常所说的人文管理。企业在给员工发展空间的同时，注重提供给员工再学习的机会。可以开展相应的活动让员工进行职业生涯设计，让每个员工都能对未来都充满信心，增加对公司的认同感和归属感。

本书依据企业行政管理的内容和特点编写，分为九个单元，先总述企业行政管理的发展变迁和企业行政规划，再分别从企业的行政事务、会务、文档、后勤管理等方面进行详细的阐述说明，最后列举了大量的企业行政管理规章制度。这样的编排，使全书脉络清晰、论述严谨，有很好的可读性和实操性，便于广大行政管理人员学习和参考。

第一单元　企业行政管理概论

第二单元　企业行政规划

第三单元　企业行政事务管理

第四单元　企业会务管理

第五单元　企业办公自动化

第六单元　建设企业文化

第七单元　企业文件管理

第九单元　企业行政管理制度

第一单元

企业行政管理概论

第一讲　企业行政管理概述

【学 习 重 点】

◇ 什么是企业行政管理?

◇ 企业行政管理的职能。

◇ 企业行政管理部门的职责。

一、行政管理

行政是指计划、决策、协调、人事和后勤等的管理活动。管理是人们为了实现预定目标，通过科学的组织、指挥和协调群体的活动而开展的各项活动。行政管理是国家行政机关依法对国家和社会公共事务进行管理，是国家机关对社会公共事务和机关内部事务进行管理的规律的科学。广义的行政管理也包括企事业单位的行政事务管理工作。随着社会的不断发展，行政管理的对象日益广泛，包括经济建设、文化教育、市政建设、社会秩序、公共卫生、环境保护等各个方面。行政管理应用科学系统的方法，以减少资源的支出和浪费，提高行政管理的效率。

从实施过程来看，行政管理主要有计划、组织、协调和控制四项基本职能。

（1）计划。行政管理的计划包括制订计划、下达指示、做出决议、安排具体工作等。

(2) 组织。组织活动包括对机构的设置、调整和运用，对人员的选拔任用、培训和考核，使计划和决策得以实现。

(3) 协调。协调是通过政策、法规和各种具体的措施，不断改善和调整组织之间的关系，使各项工作分工明确、配合密切，以共同实现预定目标。

(4) 控制。控制即监督、检查的职能，通过统计资料和对信息的分析，如人事、组织、财务等情况进行控制。

二、企业行政管理

企业行政管理包括企业管理和行政管理，是指依靠企业行政组织，按照行政渠道管理企业的方法。企业行政组织是指企业的行政组织机构；行政渠道则主要指企业行政组织机构内上下级的隶属关系，如厂长、车间主任、班组长等的等级关系。行政管理的手段通常包括行政命令、指示、规定、奖惩措施等。企业的行政管理工作内容包括行政事务管理、办公事务管理、人力资源管理。具体包括相关制度的制定和执行推动、日常办公事务管理、办公物品管理、文件资料管理、档案管理、会议管理、涉外事务管理和后勤管理等。

企业行政管理在企业中主要有组织、协调、服务三大职能。

1. 组织职能

企业组织能实现目标，是全体员工共同努力的结果，并不是某一个人或几个人的功劳。因此，企业的行政管理部门要认真领会管理者的意图，按照计划去丰富、完善领导的决策方案；制订出组织执行步骤或计划；根据事件涉及范围的大小，邀请有关部门或人员共向确定行动方案；组织具体执行的部门或工作人员按行动方案去执行经济管理活动。组织实施包括以下内容：人员结构的组织；行动方案的确定；时间先后的确定；资金保障的确定；设备、工作场所保障的确定；部门配合的确定；后备方案的部署等。

在行动方案的确定中，应首先了解实际情况，才能使行动方案切实可行，而且行动方案应尽可能细致，但又要保证有一定的灵活性。事务的发展千变万化，要求企业行政管理部门充分考虑到可能发生的实际情况，准备好后备方案。在组织实施企业某一决策方案的人员调配中，要遵守以下几个原则：

（1）按照原有的企业部门职责和工作人员岗位去安排。

（2）让有相关工作经验的员工做其所熟悉的工作。

（3）了解企业内部不同工作人员的性格和特点。

（4）发挥员工各自的特长。

（5）人员或部门工作的安排要向企业领导汇报，避免妨碍原有决策方案的顺利完成。

（6）尽可能准备应急工作人员，防止潜在矛盾的发生。

行政管理负责企业的综合事务，日常工作都是事务性、杂乱无章的，但是行政部门的领导者不能满足于成为一个事务主义者，不能仅仅满足于做好一个战术家，还要努力成为一个出色的战略家。只有那些有思想、懂战略、敢于创新的行政管理人员，才能把企业的行政做好，不断提高企业的行政管理水平。

2. 协调职能

企业行政管理的协调职能是为了有效地实现企业行政管理的目标，使企业内外的各种工作能始终保持良好的配合关系，而需要对局部资源或者关系进行协调，排除存在的各种障碍。

协调可分为纵向协调和横向协调、对内协调和对外协调。纵向协调就是对企业内部各个层级组织之间的协调；横向协调就是对企业各个职能部门之间的协调；对内协调就是指企业内部行政组织之间的协调；对外协调则是对企业行政组织与其他单位行政组织之间的协调。

方法与技巧

协调是一项综合性的职能。要做好协调工作，关键在于使全体行政人员明确企业行政管理的目标和决策规划内容，树立全局观念，克服本位主义，加强互相协作，消除扯皮现象。

协调一般通过以下几种方式进行：

（1）沟通。通过沟通使员工了解行政组织的目标和完成行政任务的方式，以及一系列行政决策和规章制度，使员工心中有数，以便在行动中保持一致。

（2）领导。领导方式一般采用劝导说服和强制命令，通过这两种方法把下级组织起来，为完成组织目标而努力。在采用强制命令方式的时候，要注意命令一致、指挥统一，以免造成混乱。

（3）监督。经常检查企业行政管理工作执行的情况，不管是组织还是个人，在执行任务的过程中往往会产生摩擦或者发生一些需要调解的事情。监督的方式有利于及时发现和解决这一类问题。

3. 服务职能

企业进行行政管理是为了更好地服务于企业的生产、销售和物流，这是行政管理的重点，也是其之所以存在的原因。企业行政管理不能脱离科研、生产、销售和物流孤立地自成体系，因此，企业行政管理部门要牢固树立一线部门是客户观念。企业行政管理的一切工作都要体现为一线服务的精神，切实为业务部门提供人力资源、资金、后勤、保卫、公共关系等方面的服务。

企业的行政管理部门，要做好幕后英雄的角色。行政部门的工作，特别是后勤服务工作，永远不要奢望成为企业关注的“中心”，不但不可能，而且不应该。行政管理的理想境界应该是“润物细无声”，行政部门最忌讳处处显示自己的存在，与其他部门对立。行政部门应该像一部自动化程度很高的机器，对企业内的任务和问题能很好地解决，协调好企业各部门的关系，其中的许多曲折，都消化在行政体系之内，切忌为自己邀功请赏，到处张扬。要慎重使用自己对企业资源的支配权，切忌为自己牟取私利或便利的行为。管理是要执行制度的，但执行制度也是一门艺术，并不一定要搞得剑拔弩张，特别是在高素质人才集中的地方，更要注意对人的尊重。行政工作要做得有人情味。

行政部门应该认真做好企业的行政事务工作，从繁重、琐碎的行政事务中解脱出来，集中精力研究企业的市场形势，考虑企业的发展战略，探讨企业的组织架构，实施企业的经营方针，解决企业所面临的重大问题，专心做好每一笔重要业务。

为了做好纷繁复杂的行政工作，行政部门的领导不能东一榔头西一棒槌，无头绪地整天瞎忙；或是被领导一会儿支到东，一会儿支到西，结果吃力不讨好，不知道自己整天都忙了些什么。行政部门的领导应该有“泰山崩于前而色不变”的定性，不管风吹浪打，有自己的主见，能够根据事情的轻重缓急，做好安排，指挥若定。要做到这一点，企业的行政管理者必须做好以下工作：

（1）必须建立健全行政部门的各项管理制度、岗位责任制度、工作程序以及一系列规范化表格、图表等，并严格执行，从而建立起行政部门的“法治”秩序。

（2）要培养出一支高素质、高效率的行政人员队伍。

（3）搞好科学分工、管理层次和合理授权。

一旦行政系统的一系列硬件（如办公设施、生活设施）、软件（如规章制度、工作程序）、人员队伍、分工协作和管理层次等建立健全起来，整个行政管理体系在很大程度上就会像一部自动机器一样运转，只在较少的场合才需要部门领导和上级领导辅以“人治”。

从企业行政管理的职能定位可以看出，与企业其他职能相比，企业行政管理的特点主要体现在以下几个方面：综合性强、制度性强、时间性强，工作内容繁杂、涉及面广，工作具有被动性和突发性。

三、企业行政管理部门的职责

在现代企业中，企业行政部门是企业重要的信息管理部门。企业通过它对事务信息进行有效地管理，从而使技术部门、生产部门、市场部门等其他职能部门有效地运转。因此，做好行政管理工作是企业有效运转的重要前提，也是经营者提高企业管理水平的一个主要切入点。企业行政管理部门的职责主要包括公文处理、通信管理、资产管理、会议管理和事务管理。

1. 公文处理

公文处理包括公文起草，比如起草通知、通告、公告、布告、报告、批复、决定、决议、指示、工作计划、工作总结等。同时，为领导起草重要会议的讲话稿，或查找并提供相关的资料。公文处理还包括公文的发布、递送、传达及保管等工作。公文的保管应该分门别类妥善地进行。要保证企业任何时期的任何正式文件都能及时地找到。

2. 通信管理

通信是企业的重要活动之一。随着信息化进程的加快，企业的通信方式越来越多，如传统的信函、电话、电报到现在的传真、电子邮件等；企业的通信设备也在增多，比如电话交换机、传真机、电脑等。行政部门要负责企业的通信管理，它是企业的信函、电话、传真、电子邮件等的转发中心。

3. 资产管理

行政部门一般负责企业的办公用品及固定资产的购买和管理，所以办公成本的控制是行政部门的重要职责之一。降低了办公成本，就相当于提高了企业的效益。办公用品的采购在满足正常办公需要的同时，还要尽可能减少采购的品补和数量。行政部门可以制定相关的管理制度，比如采取“定量发放”“以旧换新”等措施，倡导员工节约使用办公用品。对于常用的消耗性办公用品，比如打印纸、复印纸、传真纸、签字笔等，可以定期进行批量采购，有效地降低成本。对于固定资产的采购不能贪图便宜，要注意其质量及售后服务。

4. 会议管理

会议是企业一项重要的活动，而行政部门是会议的管理部门。首先，行政部门要做好会议准备工作，包括会议日程的安排、会议材料的准备、会议通知、会场的布置等；其次，在会议进行时，要进行会议记录，并做好会议服务工作；再次，会议结束后，行政部门要整理会议记录，编写印发会议决定、会议纪要等文件。

5. 事务管理

行政部门有很多日常事务需要进行处理，比如安全保卫工作、卫生工作、财产管理、车辆管理、图书资料管理、生活福利管理，等等。这些日常事务管理非常琐碎，但也占据着行政人员的大量时间。

行政部门是企业的服务和管理部门，所以对行政总监的自身素质有着较高的要求：行政部门应该建立起自身的部门职责和各岗位责任，对行政人员进行本岗位业务素质的培训；另外，从行政管理角度来讲，应该有适合企业实际的行政工作流程和工作表单，以提高行政管理的工作效率。

第二讲　企业行政管理岗位职责

【学 习 重 点】

◇ 企业行政部门的职责。

◇ 企业各行政岗位的职责。

企业行政部门是企业的重要部门。企业行政管理岗位一般有行政总监、行政部经理、行政助理、行政秘书等。

一、企业行政部门的职责

1. 部门职责

（1）各职能部门的关系协调。

（2）建立各项规章制度并检查实施情况，促进各项工作规范化管理。

（3）负责公司资料、信息等管理，以及宣传报道工作，沟通内外联系和上下联系。

（4）公司会议组织、记录及记录归档工作。

（5）公司印章管理。

（6）公司证照管理。

（7）员工入职、离职过程中与行政相关的手续办理。

（8）公司各类档案的整理、归档、保管、借阅等。

（9）员工考勤、出勤统计、报表、分析等。

（10）员工暂住证、就业证等事项办理。

（11）保健管理。

（12）福利管理。

（13）文件控制。

（14）公司公共关系维护和改善工作。

（15）行政稽查。

（16）行政开支预算的编制。

（17）行政开支成本控制。

（18）其他相关职责。

2. 部门权力

（1）依照制度，对稽查中发现的问题实施处罚的权力。

（2）依照制度，按规定程序，实施其他单位提请的处罚建议。

（3）部门内部员工考核的权力。

（4）部门内部员工聘任、解聘的建议权。

（5）部门内部工作开展的自主权。

（6）要求相关部门配合相关工作的权力。

（7）其他相关权力。

二、行政总监职责

1. 能力要求

（1）知识素养高，知识面广，知识结构合理，对行政专业知识掌握较全面和精深。

（2）具备先进的行政管理观念和行政管理方法。

（3）对现代企业行政管理流程、管理手段和模式有较深入的认识。

（4）具备极强的领导及管理能力，善于沟通，具备出色的组织协调及分析判断能力。

（5）精通授权艺术、激励艺术、批评与赞扬艺术。

（6）较强的说服能力和洞察力。

（7）文字表达能力强。

2. 工作内容

（1）全面负责公司的行政、后勤、总务、环境、保卫工作。

（2）负责组织制订行政系统工作的目标、任务和计划，对计划的实施进行检查和监督，对目标的达成进行考核。

（3）负责组织制定行政系统工作手册、程序文件和管理制度并组织实施。

（4）负责组织行政系统工作会议，监督实施和落实会议内容结果。

（5）负责组织消防安全会议和学习活动，审核消防安全措施并监控执行。

（6）负责组织对资讯网络最新信息的收集和分析，为领导决策提供可行意见。

（7）负责统筹公司计算机网络系统的建立和实施。

（8）负责组织建立公司网站并对公司网页进行定期升级和更新。

（9）负责对写字楼、厂房、员工宿舍及公司购买的物业进行维护、维修、清洁、绿化、基建工程等物业管理工作。

（10）负责组织编制行政系统费用预算计划，并对实施进行控制。

（11）负责组织各类文化体育活动，丰富员工的业余生活。

（12）其他相关工作。

3. 权力范围

（1）对行政系统开发或建设项目的否决权。

（2）公司行政系统工作有统一指导、协调和调配权。

（3）对下属部门经理工作有指导权、考核权、奖惩权、任免建议权。

（4）行政经费预算及其控制权。

4. 责任范围

（1）对公司行政管理制度建立健全负领导和组织责任。

（2）对公司安全事故负领导责任。

（3）对环境保护和职业健康负领导责任。

（4）对文件档案保密工作负领导责任。

（5）对后勤负领导和组织责任。

（6）因工作失职给企业造成损失，负相应的经济责任和行政责任。

三、行政部门经理职责

1. 能力要求

（1）知识素养高，知识面广，知识结构合理，对行政专业知识掌握较全面。

（2）具有先进的行政管理观念和行政管理方法。

（3）计划、控制能力强，工作效率高，能够有效控制工作进度。

（4）优秀的外联与公关能力，具备解决突发事件的能力。

（5）品格高尚，道德素养好，富有责任感。

（6）熟练使用办公软件、设备。

2. 工作内容

（1）全面规划、指导、协调公司内部相关行政支持系统。

（2）组织各职能部门关系的协调和服务。

（3）组织制定公司规章制度，提高工作效率。

（4）组织职能范围内所涉及设备的购买、规划和维护等工作。

（5）组织档案、文件、证章管理。

（6）组织员工证照、保险、保健、福利、出勤等管理。

（7）组织下发文件的草拟、下发、传阅、控制等管理。

（8）对员工进行公司规章制度等相关内容的培训。

（9）组织公司内外公共关系管理。

（10）其他相关工作。

3. 权力范围

（1）依照制度，对稽查中发现的问题实施处罚的权力。

（2）依照制度，按规定程序，实施其他单位提请的处罚措施。

（3）部门内部员工聘任、解聘的建议权。

（4）部门内部员工考核的权力。

（5）其他相关权力。

四、行政助理职责

1. 能力要求

（1）优秀的外联和公关能力，解决突发事件的能力。

（2）较强的时间管理能力。

（3）良好的中英文写作、口语、阅读能力。

（4）熟练使用操作办公自动化设备。

2. 工作内容

（1）协助上级制订行政、总务及安全管理工作发展规划和计划。

（2）协助高级管理人员进行财产、内务、安全管理，为其他部门提供及时有效的行政服务。

（3）协助审核、修订行政管理规章制度，进行日常行政工作的组织与管理。

（4）考核指导行政部工作人员的工作并给予业务指导。

（5）协助承办公司相关法律事务。

（6）协助承办公司经营事务的管理和执行工作。

（7）其他相关工作。

3. 权力范围

（1）对行政检查中发现的问题，有处理建议权。

（2）要求相关部门和人员配合工作的权力。

五、行政秘书职责

1. 能力要求

（1）熟练使用操作办公自动化设备，包括计算机、打印机、传真机、复印机等。

（2）有良好的文字表达能力，有一定英语基础，具备较强的听说能力。

2. 工作内容

（1）负责行政办公室日常事务。

（2）安排会谈，向电话询问者提供信息。

（3）文档管理，负责回复日常邮件。

（4）撰写会议通知、会议纪要、日常信件和工作报告。

（5）安排商务旅行，做好机票、宾馆等预订工作。

（6）对其他行政和业务方面的工作提供行政支持。

（7）其他相关工作。

3. 权力范围

（1）工作改进建议权。

（2）要求相关部门和人员配合工作的权力。

【案例】　某企业行政部职责实例

部门名称：行政部

直接上级：分管副总经理

下属部门：总务科、保卫科

管理权限：受分管副总经理委托，行使对公司后勤生活、内部治安管理权限，承担执行公司规章制度、规程及工作指令的义务；

管理职能：管理公司后勤、维护内部治安、确保公司财产安全，对所承担的工作负责。

主要职责：

1. 坚决服从分管副总经理的指挥，认真执行其工作指令，一切管理行为向主管领导负责。

2. 严格执行公司规章制度，认真履行其工作职责。

3. 负责行政后勤、保卫工作管理制度的拟订、检查、监督、控制和执行。

4. 负责组织编制年、季、月度行政后勤、保卫工作计划。本着合理节约的原则，编制年、季、月度后勤预算，搞好行政后勤决算工作，并组织计划的实施和检查。

5. 负责员工生活费用管理和核算工作。建立健全员工生活费用成本核算制度，制定合理的生活费用标准，对盈亏超标准进行考核。

6. 负责做好公司经营用水、用电管理工作。认真抓好水电的计量基础管理工作，定期检查和维修计量器具，抓好电器设备和线路的保养维修工作，加强水电费用核算，及时交纳水电费。

7. 负责员工就餐的卫生管理工作。定期询问公司员工对就餐质与量的要求，以确保员工就餐的安全。

8. 负责公司内部治安管理工作。维护内部治安秩序，搞好治安综合治理，预防犯罪和治安灾害事故的发生，保护公司财产的安全，确保生产、工作的顺利进行。

9. 负责建立和完善安全责任制。建立以防火、防盗、防灾害事故为主要内容的安全保卫责任制，做到组织落实、制度落实和责任落实。

10. 严格门卫登记制度。一切进出公司的物资，严格门卫检查、验证，物证相符方能进出，凡无证或证物不符门卫有权扣留，由保卫科查处。

11. 建立和完善后勤岗位责任制，加大考核力度，提高服务质量提高。

12. 加强部门人员的培训教育工作。协同人事、企管等职能部门，做好管理员、炊事员、保卫人员、维修工等日常安全教育和职业道德教育工作，定期开展岗位优质服务评比活动。

13. 按时完成公司领导交办的其他工作任务。

思考与练习

一、术语解释

行政管理

二、选择题

1. 企业行政管理主要职能有（　　）。

A. 计划职能　　B. 组织职能　　C. 协调职能　　D. 服务职能

2. 企业的车辆管理属于企业行政管理部门的（　　）职责。

A. 辅助管理　　B. 物品管理　　C. 事务管理　　D. 资产管理

三、填空题

1. 企业行政管理包括________和________，是指依靠企业行政组织，按照行政渠道管理企业的方法。

2. 行政部门是企业管理层的________，它需要协助管理层起草企业发展规划和经营计划等。

3. 对企业组织的形成有重大影响，与组织相关的外部条件和环境是________。

四、思考题

1. 简述企业行政管理部门的职责有哪些？

2. 如果你是企业的行政主管，你该如何进行行政管理？

参考答案：

一、术语解释

企业行政管理包括企业管理和行政管理，是指依靠企业行政组织、按照行政渠道管理企业的方法。

二、选择题

1. BCD　2. C

三、填空题

1. 企业管理，行政管理

2. 辅助部门

3. 企业行政组织的关联性

四、思考题

（略）

第二单元

企业行政规划

第一讲　企业行政组织设计

【学 习 重 点】

◇ 企业行政组织设计的原则、重要性。

◇ 企业部门组合方法。

企业组织设计是合理配置生产资源、进行生产经营活动的必要手段，是实现企业目标、提高企业经济效益的重要保证。

一、企业组织机构的重要性

从泰勒时代开始，许多著名的学者都对企业组织设计进行了深入的探讨和研究。他们发现，企业要实现其生存和发展的目标，构建一个适合自身特点的组织是所有工作得以开展的基础。只有建立合理的组织机构，企业的员工才能得到有效的评估和激励，企业内不同部门间的分工与协作才能保持高效运转，企业的信息交换才能顺利地进行。因此，许多企业管理者对组织设计十分重视。企业组织结构从最初的直线型结构，发展到后来的职能型结构、事业部制结构、矩阵式结构等。这些结构很好地适应了当时企业组织需要，促进了企业进一步的发展。与此同时，企业组织设计理论也获得了巨大的发展，成为管理学中一个必不可少的分支。

近年来，以现代科学技术革命为原动力的现代社会变革，正在改变人类社会的生存发展模式。现代社会经济发展变化的主要标志有：社会生产体制正快速地从社会化大生产体制向灵活的日趋多样化的生产方向发展；全球经济一体化，企业生产周期不断缩短。这一切均使企业赖以生存的技术基础、信息基础和环境条件发生了明显改变，促使企业不断调整其经营战略和目标，改变作业流程和方法，推动了企业经营战略和组织行为的改革与创新，带动了组织理论和方法的发展变化。在这种背景下，关注和研究企业组织设计就显得非常重要。

在我国，充分展开对企业组织设计理论和方法研究的紧迫性，除了上述内容之外，还来自我国企业组织设计理论和方法发展的特殊要求。在过去的计划经济体制下，我国企业没有经营自主权，人们的关注点在生产管理，而不太重视对组织问题进行分析和研究。即使在经济体制改革的进程中，人们更多的是关注理顺体制，让企业脱离政府的束缚，使之增强自主性和活力等问题。随后，在建立市场经济的进程中，理论界和实际管理工作者因为制度瓶颈问题而将现代企业制度的建立视为重点，又因市场实现问题而把市场营销视为企业管理的重点。在建立社会主义市场经济体制和现代企业制度的发展进程中，中国企业依赖企业制度的差异性获取竞争能力的可能性无论是现状还是趋势，都将越来越小，企业经营的好与差，发展的快与慢，越来越取决于自身的组织与管理水平。现代企业要提高竞争能力，除了传统的从岗位、部门获取效率外，还要从部门之间获取效率，而这些，恰恰反映了中国企业与国外企业效率差距的组织层次上的原因所在。

二、企业行政组织的关联性

企业行政组织关联性因素则指的是对组织的形成有重大影响的、与组织相关的外部条件和环境。这些因素包括以下几类。

1. 企业环境

企业环境对人力资源战略的制定会产生重大影响，企业所处的环境包括行业特点、市场特点、消费者群体、供应状况、政府政策等也会对企业的组织设计产生影响。这些因素主要从环境的复杂性和稳定性两个方面影响组织结构的设计，环境因素越是复杂和多变，组织设计就越要强调适应性，组织就越要采取多种对策消除环境对企业的不利影响。

2. 企业战略

企业组织结构是实现企业经营战略的重要工具，企业战略决定着企业的组织结构。例如，相对于实行单一产品经营战略的企业，实行多种经营战略的企业在组织结构上会采取相对分权的结构。

3. 企业技术

企业技术不仅指企业的设备和生产工艺，还包括企业员工的知识和技能。这些技术对组织织结构的设计也有广泛的影响，例如，制造型企业与商业企业的组织结构就显然具有不同的特点。

4. 企业规模

企业的规模大小是影响企业组织结构的一个基本因素，它对组织结构的所有特征因素几乎都有影响，特别是企业的专业化程度、管理层次、集权程度等因素。

5. 企业的生命周期

企业在发展过程中一般都要经历成长期、发展期、成熟期和衰退期等阶段，在不同阶段，企业面临的主要矛盾和问题也不一样，组织设计的任务也就不一样。例如，企业在初创阶段，往往面临机构不稳定、职责不明确、规章制度不健全的问题，而许多历史悠久的企业，则常会有机构设置陈旧、制度僵化、缺乏创新等问题。面对不同的问题，就应该用不同的方法去解决。

三、企业组织设计的原则

企业组织设计原则是进行组织设计的重点。根据企业组织设计实践的需要，可以总结出五个有效的组织设计原则，这些设计原则有很强的实用性，适应于各方面的需要。

1. 目标原则

企业组织设计的目标就是选择组织的生存和发展方式。因此，企业组织设计必须紧紧围绕组织的目标来进行，无论是组织局部的具体设计，还是组织整体框架的设计，都必须以这一点作为基本原则。

2. 部门整合原则

部门整合原则是指组织设计就是要将部门整合成为一个有利于目标实现的有序结构。企业组织设计是要分析、选择和确定部门。但企业管理者必须认识到，企业组织的部门并不是可以任意选择的，它是由环境、技术、员工、资源等各种因素所决定的。虽然组织的部门不是唯一的，但它有一个选择范围。组织设计的任务之一就是分析、选择和确定部门。

组织设计是要把部门整合成一个有利于目标实现的有序结构。组织设计就是功能的整合，例如，管理层次应该多少？管理跨度要多大？怎样进行授权？如何分工与协调？这些都必须根据部门整合的要求来确定。

3. 自由度原则

自由度原则是指企业组织设计应使组织成员的功能发挥具有最大的自由度。功能发挥与功能整合是一个问题的两个方面，功能整合是使功能发挥趋向于目标，而只有功能的最大发挥，才能使组织的目标尽快实现。功能整合是规范，功能发挥是活动，规范性的活动使得组织达成目标。

按自由度原则要求，企业组织设计要为组织成员的能力发挥提供一个尽可能大的自由空间。

方法与技巧

在企业管理实践有一句话叫做“一管就死，一放就乱”，在组织设计中要避免这两种情况，即要在有效整合的前提下，使组织成员功能发挥的自由度达到最大。

4. 自然界面原则

企业任何部门在发挥功能中都有一个活动空间，它是由各种复杂因素所决定的。由于部门之间总是有差别的，它们的活动空间不可能完全重合，可能有交叉。两个部门活动空间的接近和交叉地带就是其自然界面。例如，生产部门与销售部门的活动空间不一样，但在成本、存货等方面存在交叉，这些就是生产和销售部门间的自然界面。

自然界面原则要求把功能整合所需要的规范和约束设置在自然界面之上，这样设置有三个优点：有效地实现了功能整合；为部门功能的发挥提供了较大的自由度；由此设置的规范和约束受到的冲击较小，因而能够较稳定地运作。

自然界面的发现和利用是组织设计中最重要的方法。

5. 封闭原则

封闭原则是指组织设计要使部门间形成联系的封闭回路。要使企业组织正常、稳定地运行，组织各部门间的封闭是一个至关重要的问题。

任何一个组织体系，它不仅要与外部保持必要的联系，即输入与输出形成封闭回路，而且在组织体系内部也要形成一个封闭回路。只有构成封闭回路的关系，才能形成相互制约、相互作用的回复运动，保证各分支机构按照组织的要求运转，达到有效管理的目的。

例如，企业组织应包括决策机构、执行机构、监督机构、反馈机构等方能形成封闭回路。

四、企业部门间组合的方法

组织中的各个部门必须通过一定的方式有机组合在一起，才能够发挥最大的效能，有效实现组织的最终目标。不同的部门组合方式对企业和员工都会有不同的影响，因为在不同的部门，员工考虑问题的角度不一样，行为方式也会有所差别，所取得的效果当然也会不同。部门组合的方法有职能组合、事业部组合、区域性组合和多元组合。

1. 职能组合

职能组合指的是将一些执行相似职能或工作过程、提供相似知识或技能的人员组合起来。比如，所有的市场营销人员一般都是在一个管理者的领导下工作，所有的生产人员也是如此。

2. 事业部组合

事业部组合是指把相关人员围绕公司的产品组合起来。例如，某日化企业将生产牙膏所需要的所有人员，包括研发、市场、生产和销售人员组合在同一个管理者之下。

3. 区域性组合

区域性组合指的是将组织中的人员等资源组合起来为某一特定区域的顾客提供服务。比如美国某企业可以把为中国或者亚洲地区提供服务的人员组合到一起。

4. 多元组合

多元组合又称多重组合，指一个组织同时拥有两种或两种以上的结构组合方式。一个组织可能会同时需要根据产品和职能或根据产品和地区来进行组合。

不同的工作活动内容，不同的联系方式，不同的部门组合形式，形成了千差万别的组织结构形式。不过在所有的组织结构形式中，人们总结并抽象出了一些最基本的模式，它们具有一些典型的结构特征，分别适合于不同条件下的各种组织。其他具体的组织结构大都是在这些基本模式上演化而来。

第二讲　企业办公环境规划

【学 习 重 点】

◇ 办公室选址原则和分配。

◇ 改善办公室物理条件。

◇ 掌握办公室设计方法。

企业办公环境规划的目的是要使企业有一个良好的办公环境。办公室的特点是在同一幢建筑物内能容纳不同功能要求的办公需求，它的室内空间组合、平面布置及室内外环境设计，会直接影响员工的工作效率。

一、办公环境选址原则

办公室环境的管理，要使办公室处在一个比较好的自然环境中，使在办公室工作的人员能避免外界环境的干扰，提高工作效率。因此，办公室地点的选择要遵循以下原则：

1. 环境优美

办公室位置的选择既要注意空气环境，又要注意声音环境，既要注意光线环境，又要注意颜色环境，做到清静优美。

2. 交通便利

一般来说，办公室应该建在交通比较便利的地段，以便与各个部门联系，方便企业的联络指挥和员工上下班。

3. 便于协调

企业业务职能相近和相关的部门应尽可能相邻，以便迅速信息传递，方便员工办事，提高工作效率。

办公室是管理活动的重要场地，要求明快、整洁、方便、实用。确定办公室的方位应本着便于各项事务沟通协调的原则。

二、办公室分配

1. 了解办公情况

进行办公室分配首先必须了解以下情况：

（1）办公使用的房屋的间数、总面积、员工总数及科室部门设置的数目。

（2）需分配办公室的部门人员情况及业务量的情况。

（3）各部门的人员及业务可能出现的变化。

在掌握以上这些情况的基础上，根据各部门的实际需要，安排办公的地点、楼层并分配房间。

2. 办公室分配要求

办公室分配时，应该优先安排和保证业务用房，尽可能创造良好的业务工作条件，并把业务往来密切的部门安排在一起。

在保证基本工作条件的情况下，尽可能更好地进行沟通协调。如收发室、传达室等，应设在进出的地方；综合、秘书等部门，应设在办公楼的中心地点；打字、计算、财务等办公室，应设在办公楼的一端；关系密切的处室应相互接近。

三、办公室内部设计

1. 办公室内部设计的原则

为了充分利用地面空间和其他办公室资源，在进行办公室内部设计时要注意以下原则：

（1）工作流。

办公室工作应当尽可能沿着最短的路径流动，最理想的工作流呈直线形、圆形或椭圆形。工作流的必备条件是，文件应该一直向前移动，而不能走回头路或之字路。办公室工作流运动的路程越短，工作流的效率就越高。

（2）沟通网络。

办公室的内部设计应当有利于员工之间、部门之间的沟通与联系。联系紧密、沟通（尤其是面对面沟通）频繁的人员和部门应当有逻辑地安排在相互靠近的地方。

（3）监督。

管理人员的办公桌设在各排的最前头或者斜放在办公室的某个角落，以便能观察到所有员工。如果管理者有必要拥有一个单独的办公间，这个办公间一般设在办公室的前面部分，并通过玻璃墙和办公室的其他部分隔开。无论采用何种布置方式，都要充分考虑监督问题。

（4）工作空间。

每个员工都需要足够的工作空间，并预留足够宽度的工作走道，使办公室人员能很容易地到达办公室的每个地方而不会干扰其他人员。工作走道宽度一般为 1.2～1.4 米。

（5）自然光线。

办公室的工作要依靠自然光，因此，那些需要良好照明条件的员工应当靠近窗口。如打字员在良好的光照条件下会提高打字速度。

（6）良好的外观。

令人愉快的工作环境会提高工作效率。在办公室内部设计完成后，要对办公室进行装饰美化，使办公室舒适宜人，为员工提供一个良好的工作环境。

（7）设备与人员的相互邻近

如果办公室人员经常使用办公设备，如文件柜、复印机等，这些办公设备就应该设置在和有关人员毗邻的地方。这种设置避免了不必要的路程，提高了工作的效率。

2. 办公室的布置

办公室内的布置包括办公室内的气氛以及办公室的表面环境等。办公室的整体要保持庄严、美观、整洁和舒适，其中要重视表明企业精神理念识别系统的制挂和标语口号的制定、张贴等。

（1）办公室美化系统。

在这种系统中，办公室是一个大的开阔空间，没有墙，只有可移动的隔板和各类高度的屏板，加以分隔。各种积木式的多种色彩的家具组合起来，可以建立适合不同工作人员的办公室布置。

①办公室用具的摆设应具科学性、协调性。办公人员座位次序，应面对同一方向，不可面对，以便照顾工作流程，便于从后面或侧面接受文件等。办公室领导的座位应在属下座位的后方正中，以便于监督和管理属下人员。

②办公室办公桌的规格、形式、颜色应相同，以增进办公人员的平等感及办公室的美感。

③办公桌、椅、橱柜等设备的排列，应该采用直线、对称式，不应弯曲或形成多角度。

④同室内的书架、书橱或档案柜的高度应该一致并尽可能地倚墙而立，或背靠背放置。留有等距离空间，以方便随手使用，并增进美感。

⑤各色地毯和各种现代装饰丰富多彩，天然的和人造的花木令人愉快，工作间易于调整也是这种系统的特点之一。但是为了工作有效率，改变之前应仔细研究好工作流程。

（2）传统的办公室装饰。

使用一些美术作品和工艺品，可使办公室更美观。如果办公室只有一些基本家具，那么多彩的悬挂装饰物或工艺品也可以改变单调的格局。但必须注意，那种烫印画，业余人员的作品，过度精心制作的植物群布置，低劣的绘画，以及颜色过于鲜明的廉价的作品，都会使得办公室的环境显得浮躁和不雅观。

（3）办公室标志系统。

对办公室标志进行系统管理不但方便对外沟通工作，更可以树立起企业良好的形象。因此应在办公楼入口处设置各部门布置说明图，详细标明办公大楼内各职能部门的位置和方向，通往各办公室的路标和各办公室的名称等。

①制定和组织实施统一规范，以及统一制作、配置、专人监管等方式，使标志系统管理达到规定标准。

②标志系统充分，标志、指南的门类齐全，一切为工作有效性所需要的项目均要涉及。

③标志警醒，标志、指南的设备及内容要显眼、醒目，便于人们发现和使用。

④标志简明，标志、指南的内容要简单明确，便于人们及时、清楚地了解和理解。

⑤标志准确，标志、指南的内容要准确反映客观实际，情况发生变化时，必须及时更改，保证其有效性。

⑥标志标准，标志、指南的内容与表达形式（使用的标记符号、图形等）要统一规范。

3. 办公室内部设计的筹划

（1）办公室内部设计的筹划步骤。

①测量地面空间的长度、宽度，并按一定的比例尺画出轮廓。这项工作经常在5毫米的方格纸上进行，比例尺越大，后面的步骤越容易进行。

②标绘出所有的门窗以及其他阻碍物，如管道、柱子等。

③测量出每件办公家具、办公设备占用的地面面积，并根据同样的比例尺用硬纸剪出各件家具和设备的模板。

④在略图上勾勒出合适的工作流，并把办公家具、办公设备的模板放在工作流的恰当位置。

⑤检查以上设计，考虑工作流以外的其他方面，如人员设备的接近，自然光线的利用，尤其是监督管理方面，并对以上设计作必要的调整。

⑥根据设计安装各种设备，对设计好的办公室的运行进行2～3周的观察，并根据实际运行情况对办公室设计进行必要修改。

（2）筹划中应注意的事项。

观察阶段对于办公室的内部设计是必不可少的，不经过实地调查而进行的研究和做出的计划无法预料会出现的情况，这些情况需要得到补救。例如，两个互相邻近的员工的个性不合，可能会发生冲突；有些物品的平面模板不能很好地说明其实际形态，如办公设备可能太高以至于挡住了工作人员所需的光线。

如果办公室设计的筹划是二维的（即只关心长度与宽度的二维空间），一些无法预见的结果是必然会出现的。如果所使用的模板是三维的（即不仅关心长度与宽度，还关心高度），这种状况就会有所改观。因此，办公室设计应使用立体模板而不使用平面模板。这种立体模板可以用聚苯乙烯泡沫材料或软木制成。

方法与技巧

用立体模板设计的模型可以使人们真切地看到设计成功后的办公室是个什么样子，而用平面模板在方格纸上设计的模型所产生的效果就要差得多。另外，立体模型可以清楚地看到所使用的办公设备的高度对照明的影响，以及不同高度的办公设备排在一起时所产生的效果。

四、办公室的物理条件

办公室的物理条件是办公室管理中的一个重要内容，因为办公室物理条件的好坏直接影响到办公室工作人员的健康和工作效率。例如，照明不良会影响视力，也会引起工作失误；噪声太大会影响工作情绪，引起工作精力分散；过度拥挤、通风不良也会带来类似的影响等。因此，可以采取一些必要的防护或管理措施来改善办公室的物理条件。

1. 减少噪声

通过安装隔音天花板和噪声隔离器，铺设地毯，以及安装有制动装置的消音门等方法来消除室内噪声。

2. 改善照明

改善照明要从适量光度、适度光质、适当光源以及安装方式（是直接照射还是间接照射）来考虑。检查照明器具是否有闪电火花，是否有强烈暗影等。办公室内照明一般以日光灯为宜，既接近日光又经济实惠。采用任何一种照明设备，都需要考虑单位时间的耗电量等问题。

3. 空调设备与通风

通风与室内温度是影响办公室效率的因素之一。许多办公室都安装了空调设备。没有空调或者条件不允许配备的办公室，在夏天必须配备电风扇，而在冬天则必须有暖气供应，或者有其他供暖设备来保持办公室内温度。储存文件档案的办公室，还要考虑设置排湿装置，以防文件档案受潮而损坏。除此以外，还可以考虑办公室自然空气的流通，自然流通的新鲜空气既有助于工作人员身体健康，也可以使工作人员头脑清醒，提高工作效率。

4. 清洁卫生设备

办公室清扫是一件经常性的工作，要配备适当的清洁设备或工具，并坚持执行每天清扫办公室一次的制度。对于一些公共区域或不常有人去的地方，要定出清洁值日表，按照值日表的安排定人定时轮流打扫。

5. 安全预防

办公室的安全预防是一件极其重要的事情，必须高度重视。除了制定必要的安全预防制度外，还应注意以下事项：

（1）要定期检查各种机器，尤其是那些用电装置。

（2）不要将电话线和其他电线拖在地上。

（3）文件柜、资料柜、书架等一定要放平稳，如果下部抽屉或架子空着或放着轻物时，应注意不要在上部放过多文件或其他重物。

（4）要准备在高架上取物品的梯子或其他辅助登高工具。

（5）要配备急救箱。

（6）电炉或其他可移动的火炉一定要放置在安全可靠的地方，以免发生火灾。

总之，创造一个良好的办公室环境，与全体办公室人员的健康和安全密切相关，是大家必须共同关心的事，它需要大家的共同努力，以创造并维持一种令人心情舒畅、工作愉快的良好办公室环境。

第三讲　企业行政工作计划

【学 习 重 点】

◇ 学会制订企业行政工作计划。

◇ 掌握企业行政工作计划的实施。

◇ 做好企业行政工作计划总结。

制订计划是为了更好地实现企业目标，使企业得到协调发展。企业制订行政工作计划既要考虑工作的具体完成情况，又要不断协调组织开展的每一项具体工作。因此，行政工作是组织运行不间断的润滑剂，合理规划行政工作极为重要。

一、企业行政工作计划的内容

为了使企业决策付诸实施，预先进行的行动安排就是计划，它包括对事项的叙述、目标和指标的排列、所采取手段的选择，以及进度的规定等。企业行政工作计划是一项基本的管理活动。

一般来说，企业行政工作计划常用 5W1H 来表示：

Why——为什么做？（原因与目的）

What——做什么？（活动与内容）

Who——谁去做？（执行者）

Where——在什么地方做？（地点）

When——在什么时间做？（时间）

How——怎样做？（手段和安排）

要制订好企业行政计划，就要解决好以下内容：

1. 企业目标

企业目标指明了行政工作所应起的作用及所处的地位。一般来说，企业的宏观目标不如微观目标具体，但是它容纳面更加宽广深刻，对微观目标起着主导作用。

2. 企业战略决策

企业的战略或策略指明组织为实现自己的目标而确定的工作重点，是以企业的人力、物力、财力部署为基本依据。如企业决定廉价的产品，它的经营策略就应尽量降低生产成本，采用大批量生产的装配线，产品标准化、规格化，实现产品统一标准，以及组织庞大的销售网。

3. 企业政策

企业政策指组织的活动方针和范围，表明鼓励什么和限制什么，以保证行动同目标一致。

4. 程序和规则

程序是有一定顺序的先后安排，它是办事细则，是执行企业政策的实施方法，程序可以是一系列规则的组合。规则往往指明在一定情况下采取或不采取某个行动。

5. 预算

预算是企业资金和利润的预期报告，是一种数量化的财政计划，也是一种重要的控制手段。

6. 企业规划

企业规划是为达到企业目标所必需的战略、政策、程序、规则、任务委派、实行步骤、使用的资源等的综合性蓝图。

方法与技巧

企业规划还可以细分为进度计划，进度计划期限更短，内容更具体，按年、季、月、周、日确定各项任务执行的时间、执行者和保证措施等内容。

二、企业行政工作计划制订步骤

一个科学合理的企业行政计划的编制，除了需要有正确的指导方针、科学的编制方法，还需要有合理的计划编制过程。一个完整的企业行政计划编制过程大致包括以下几个基本环节：

1. 确定目标

企业根据所要解决的问题性质，确定恰当的目标，这是编制工作计划的第一个环节。

2. 调查研究

根据所要达到的目标，进行有针对性的调查研究，以获取充分详细的资料。

3. 资料分析

获得资料后，运用科学的方法和技术手段，对收集到的资料进行分析整理，为制订科学合理的计划方案创造必要的条件。

4. 计划方案的拟订和评价

根据计划目标的需要和资料分析的可能性，尽可能地设计出更多的可行方案，并运用科学的方法评价各个方案的优劣。

5. 方案的选择

方案选择是编制行政计划的最关键的一个环节，它在众多可行的计划方案中择一，作为最终的定案。

6. 方案的实施

计划执行过程的反馈和计划的修正。

三、企业行政工作计划的时间性

从计划的战略角度来说，企业的工作计划的期限是不定的，根据组织整体目标发展的阶段性，计划的实施有不同的时间范畴。然而，作为一项具体的操作计划，可以大致拟订出制订计划的合适时间及每一时间段的大致范围。在碰到问题需要拟订行动方案的时候，就是应该拟订计划的时候。

在企业行政工作计划中，一般要在每日、每周、每月、每季、每年的结尾等时间阶段拟订计划。

1. 每日

拟订一个要在第二天达到的成果和进行的主要活动的简要提纲，按重要程度顺序排列，把重要项目编上号码。

每日下班前核查成果，并把没有完成的工作列入明日的计划，通过在每下班前计划第二天要完成的工作，以便能更好地完成工作。每天对要在第二天完成的工作写一个简明的提纲，或者在思想上作一个明确的计划，这将有助于每天行动的实施。

2. 每周

在每周末检查一下本周的主要工作，同计划的成果比较，找出需要改进的地方，拟订出下周各项主要工作的提纲，拟订出下周每一天要达到的目标。

3. 每月

总结当月的工作成果，并拟订出在下月要达到的主要目标。如明确在下个月的每一周中要完成一件重要的事情，那么在下个月结束以前就完成了四件值得完成的事。

有一点要注意，首先要确定要完成什么事，在没有明确任务以前，不要考虑怎样完成它。

4. 每季

每季对季度目标进行计划和安排。在每季末花些时间检查一下本季的成果，并同原来的目标相比较，以确定需要采取的补救措施或计划中需要改变的地方。然后，把计划往后延长一个季度，以便使计划始终能提前四个季度制订。

确定下个季度中每个月要完成的一些要点，在包括四个季度的移动平均数的基础上，确定一些重要的比率和表明趋势的数字。如果这些比率和数字是在一张图上表示出来的，那就用实线表示迄今为止的实际成果，用虚线表示计划数字，这样可以发现一些需要特别予以注意的主要趋势。

5. 每年

在一周左右的时间内，检查一下本年中的主要事件，分析一下成功或失误，然后按季度列出以后 12 个月中每月的主要目标。

在这样做的时候，要同今后 5 年或 10 年的全面规划相配合。人们往往先在想象中做某些事，然后才在现实生活中做这些事。从绝大多数情况来讲，只有先设想，才能在现实生活中做得更好。

四、企业行政工作的计划实施准备

企业计划实施作为贯彻执行计划目标的过程是具有阶段性的。计划实施可以分两步进行，即实施前的准备阶段和实质性的工作阶段，每一个大的阶段又由若干环节所组成。在每一个工作阶段中，都要认真做好准备。

计划实施前的准备阶段即计划实施的预备时期，准备工作具体包括以下内容：

1. 规范化

在采取具体措施之前，要检查计划是否与现行的秩序相冲突。制订计划应尽量符合规范。如果超出规范确属必要，则立即要向上级部门申报以取得上级的批准与认可，有时还要写出可行性论证报告并提请有关机构审批，不得先斩后奏。

2. 组织准备

执行计划之前，要考虑到组织机构是否完善，人力条件是否充足。这些条件具备了，就要使计划内容通过组织贯彻下去，各项指标都要通过组织机构落实下去，形成职、责、权、利有机结合的组织系统，并制定必要的规章制度，建立简便的工作程序与办事制度，以保证在计划实施过程中组织功能的最好发挥。

3. 思想准备

在某项决策付诸实施之前，管理者先要心中有数，对各方面有足够的估计，做到"知己知彼、百战不殆"。同时，计划必须获得所有执行人员及有关各方的理解与接受，工作人员必须了解计划并决心努力实现计划目标。此外，思想准备还包括很重要一个方面的内容，那就是所有工作人员的思想动员工作。要利用各种手段充分动员，不仅要使工作人员能理解工作的内容和意义，而且要设法将其变为工作人员的自觉行动。

4. 物资准备

常言道："巧妇难为无米之炊。"仅有组织、人事、思想等方面的准备而没有物资条件，任何事情都难以办成。企业要完成任何一项任务，都离不开特定的物资基础。执行计划必须要有经费上的准备，对于所需资金必须事先筹措并制订出使用计划，做到有的放矢。执行计划还必须有一定的设备条件，除去必需的设备和必备的物资以外，对工作人员的生活起居条件，也应当作为重要条件而做好安排，因为安定的生活是高效工作的必要保证。

5. 技术准备

技术问题既属于物资准备但又不完全是物资准备可以解决的。现代管理不是任何机构、任何组织只要具备了一般物质条件都能随意承担的。由于社会事务日益复杂，科学技术蓬勃发展，所以在实施某项决策之前，技术条件、技术力量也是一个不得不考虑的因素。这里既包括技术设备的适当水平，又包括技术人员与专家力量的使用。仅仅依靠领导者的经验难以进行科学管理。

总之，计划实施者要努力营造理解、合作、团结的工作气氛，使工作计划能在所有人员积极、热情的态度中顺利进行。

五、企业行政工作计划的总结

总结是一项工作完成的最后步骤。其内容包括计划实施前、实施中、实施后所有情况的汇报。

1. 实施前

（1）问题的提出，包括问题出现的背景、原因，问题所涉及的人、事，问题的严重程度等。

（2）收集材料阶段，包括所要收集材料的范围、深度状况，需要什么类型的数据，运用什么样的方式等。

（3）计划和方案，包括提出的各种计划和方案，比对结果，确定最终要达到的目标。

（4）预算，指计划完成的预计费用。

2. 实施中

（1）实施的主观环境，包括上下左右关系是否协调，部门之间是否配合，上级是否重视，各层级人员是否理解并支持计划的总体目标及计划所要达到的各级目标。

（2）实施的客观环境，包括人、财、物是否到位，组织气候是否合适。另外，实施中所碰到的各种特殊困难或者特殊帮助，在总结中都要有所交代。

3. 实施后

计划实施后的结果如何？与预定的目标是否有差距？如果有，为什么？一个完整的总结既是对以前工作的评估，又是为下一步工作提出行动方向。在办公室管理中，撰写工作总结是任何一位行政人员必不可少的一项工作。

第四讲 企业规章管理

【学习重点】

◇ 了解企业规章的种类。

◇ 学习企业规章制定方法。

◇ 掌握企业规章的具体运用。

企业规章是指企业对有关经营的各种业务的营运及处理制定出一定的处理准则，并实行文件化。决定经营上所发生的各种工作的处理办法，一般称为各种制度。因此，企业规章实际上也是文件化的各种制度的一部分。

制度的文件化程度根据企业的不同而有所不同，即使是相同的行业、规模，某些企业的企业规章非常详细，达十余种之多，而某些企业的企业规章却只有两三种而已。不过，企业规章较多、较完备的公司，在经营管理上，也未必比企业规章较少、未完备的公司更为进步。

因此，必须了解企业规章的特征，而且企业规章绝不是“制定即可”，而必须清楚企业规章的存在，究竟对于该公司的经营管理及促进业绩有何贡献，这也是企业规章管理的目的。如果企业规章对于管理的效率和促进企业实绩并无贡献，那么再多的规章，在完善的制度，都毫无意义。

企业规章必须是达成企业目的之中最适当的准则，如企业规章中的基本规定之一的雇用规定，经营者必须依据法律制定，且有制定的义务。但一般的雇用规定都是因为法律上有规定而不得不制定，显然是被动的，且无目的的规定。

雇用规章，它是规定劳资的权利及义务并依此实施，且综合其内容以有效地达成企业目的的规章。这种雇用规章也是企业规章中的固有规章，同时，制定这种雇用规章，就是规章管理。

一、企业规章的种类

企业规章，按其性质可分为以下几种：

1. 由于法律规定而产生的企业规章

法律规章有明文规定，要求强制执行，所以必须先行制定及具备。

2. 有关组织的规章

组织规章包括组织表、业务分担规章、职务权限规章等。在企业规模很小时，个人的活动要比组织的活动优先，但一旦企业规模扩大后，则组织运用应列为优先。

因此，由于组织运用而产生的各种运用准则必须明确制定，同时，若不依此统一处理，则将导致组织混乱以及整体效率下降。所以，在达到一定的经营规模时，这类有关组织的规章也非具备不可。

3. 人力资源的规章

人力资源规章包括工资细则、奖赏细则、旅费规章、人事考核规章以及资格规章等。这类规章是以上述的雇用规章为其大纲，并加以发展，以制定各种规章及细则。

4. 有关业务的规章

这类规章，并不属于上述规章，而是随着业务的营运而产生的各种规章。例如会计规章、采购规章以及生产管理规章等。

企业不可能对于所有的业务详尽地制定规定，因此，在方法上，应取其重点，综合地整理。

二、企业规章的制定

企业规章分为依法而产生的规章、有关组织的规章、有关人事的规章及有关业务的规章四种，通常依照其顺序着手制定。

企业规章的制定，如上所述，随着企业规模的扩大，逐渐进行，在此情形下，依其目标循序渐进。

1. 企业规章的成文形式

企业规章，并不限于第×条第×项的条文形式，而是使用各种表示方式。此种规章，若按文字表现的精密程度来分，可分成下列四种。

（1）规定及规则类。

顾名思义，就是以××规定、××规则，以及第×条的形式表示。因此，不论是规定体系或表现方法都很严密，而且一条、一句都不能疏忽。

方法与技巧

最具代表性规定规则的莫过于国家的法律。所以在企业的规章中，有关规定及规则即依此形式而制定。

（2）规格及基准类。

例如，产品规格、材料规格、检查基准及作业基准等。不仅是文字，甚至其所使用的数值、大小、重量及颜色等方面都严格要求，因为如果数值略有差错，则将造成极大的损害及失误等。

（3）手续、要领、指引及心得类。

例如，××事务手续、××营运要领、××工作手册等。其文章内容不得有误，但在系统及语句上的精密程度可以有少许粗略。同时，在使用这种规定时，如果内容上过于艰涩、难懂，反而不易使用。

此外，在制定技术上，文章表达并不需要类似规定及规则之类，所以担任制定者的范围也可扩大。若有心得，则可写成手册或心得报告等。

（4）通知或公告等类。

例如公司或各部门以文件形式分送或传阅的通知文件，或贴在公告栏的文件，以及写在黑板上的通知等。

由于此种规章是以文件形式表示，所以也可以列入广义的公司规章。

2. 企业规章制定方法

（1）选定制定者。

在制定企业规章时，最重要的莫过于选定适当的担任者。企业规章一般由企划部门、起草部门、决定及核准或决议机关所制定。由于公司的规章在许多情形下是照原案通过，所以，制定规章担任者的能力也就非常重要。

同时，假如经营者认为制定规章十分容易，并指定对于制定规章并不内行的人从事，由于被指定的担任者在不了解的情况下，随便购买有关规章的书籍，选取类似规章，仅更改其名称及数字而已。这样的规章，肯定不适合公司的实际情况，并造成日后劳资纠纷，对公司十分不利，或者依照此规章，会产生根本无法顺利地执行业务等不合理的现象。

因此，选择制定公司规章的担任者必须十分留意。应选择何种人才最适当，大体来说，必须具备下列三个要件，缺一不可。

①精通有关的法律。

②精通有关业务的实务。

③文字功底较好。

所以，如果一个人无法具备上列三个要件，可以召集具备这些要件的人共同加以制定。同时，在公司内起草时，对于重要的公司规章有时也需邀请外部专家审定，以示慎重。

（2）规章应尽可能简洁。

企业规章，应尽可能地精简，而不要面面俱到，因为，企业规章可能不断地被制定，但不断地增加对于公司的经营未必有利，而且制定过多，往往难以全部得到贯彻实行，实际上并无多大的用处。

（3）查核、修改。

已制定的规章应加以查核，必要时应适时适当地修改。有许多公司规章之所以无法使用的原因之一是，制定以后，并未做好修改的功课。公司规章从制定开始，并不是一成不变地持续下去，而需要配合实际情形，不断地加以修改。

当然，若将公司规章视为经营管理的一种手段，则未必依照实际变化随时修改，而是有意地加以修改。

在所有的业务进行中，经营处于快半拍的地位，各制定规章者要充分认识，把公司规章依照企业经营不断地修订、改进。

三、企业规章的运用

1. 通知所有相关人员

对于目前已制定的公司规章，应该明确告知相关所有人员。但实际上，许多企业在这方面，执行得不够好。所以，应要求有关人员遵守公司的规章，但如果员工根本不知道其内容，执行就无从谈起，因此，首先应该把相关规章充分传达给每个员工，确保人人都知晓。

有些人尽量回避规章，这是人之常情，即使该规章就在眼前，也极力地想逃避。因此，对于这种规章，应召集有关人员举行说明会，逐条逐句地加以叙述。有时，还需抽查其了解程度，甚至采取特别的手段，使其深入地了解。

2. 遵守及履行企业的规章

在企业规章中，虽然也有像员工守则及劳动合同那样，是劳资双方所寻求的部分，但更多的企业规章是有关业务执行部分，是以董事、管理人员及职员为其履行的主体的。

企业规章如果无法实施就没有实际意义，成为一纸空文。同时，企业规章的履行，对于相关人员来说就是不易彻底地实施，这一点需要特别注意。

企业规章的实施管理方法大致可分为三种：自我管理，上级管理，总务部门管理。总务部门管理是横向的管理，所以上级管理是十分必要的。对于不遵守企业规章的部门及人员，不能很好的实行自我管理，应依其情况予以劝告、处罚，这是实施规章管理中不可或缺的部分。

思考与练习

一、术语解释

1. 企业行政工作的季度计划

2. 企业规章

二、选择题

1. 办公室选址原则有（　　）。

A. 环境优美　　B. 交通便利

C. 便于协调　　D. 心情舒畅

2. 企业（　　）指明行政工作所应起的作用及所处的地位。

A. 战略决策　　B. 目标

C. 政策　　D. 程序和规则

3. 企业规章的成文形式包括（　　）。

A. 规定规则类　　B. 规格基准类

C. 手续要领类　　D. 通知公告类

4. 属于人力资源规章的有（　　）。

A. 职务权限规章　　B. 工资细则

C. 生产管理规章　　D. 人事考核规章

三、填空题

1. 办公室分配时，应优先安排和保证________用房。

2. 编制企业行政工作计划的第一个环节是________。

3. ________是为达到企业目标所必需的战略政策、程序、规则等综合性蓝图。

4. 企业组织规章包括________、________、________等。

四、思考题

1. 办公室内部设计的原则是什么?

2. 企业规章有哪些种类

参考答案:

一、术语解释

1. 每季初对季度目标进行计划和安排。在每季末花些时间检查一下本季的成果，并同原来的目标相比较，以确定需要采取的补救措施或计划中需要改变的地方。然后，把计划往后延长一个季度，以便使计划始终能提前四个季度制订。

2. 企业规章是指企业对有关经营的各种业务的营运及处理制定出一定的处理准则，并实行文件化。

二、选择题

1. ABC　2. B　3. ABCD　4. BD

三、填空题

1. 业务

2. 确定目标

3. 企业规划

4. 组织表、业务分担规章、职务权限规章

四、思考题

(略)

第三单元

企业行政事务管理

第一讲　企业值班管理

【学习重点】

◇ 掌握值班工作的要求和职责。

◇ 制定值班制度。

◇ 做好值班安排。

值班工作是组成一个企业工作网络的重要部分，是一个企业的枢纽工作，起着沟通上下、联系内外、协调左右的作用。值班工作保证上级重要指示及时传达和本企业发生的重大紧急事情及时反映，及时处理，保证工作顺利进行。在非工作时间和节假日，值班工作的这些作用表现得尤为突出。

一、值班工作的要求

值班是值班人员在值班时间内处理各项公务的活动，值班是企业行政管理部门的一项基本任务。值班工作有两个显著的特性：

（1）连续性。在各类企业，值班工作的职责范围可宽可窄，值班人员可以轮换，但值班工作不能间断。

（2）应急性。在值班工作中，有许多的突发事件，如接受、传达上级的指示，处理内部的突发事情，完成领导临时交办的事项等，这些工作的具体内容，一般都无法预先知道。

由于值班工作要经常应急处理一些重要工作，在一定意义上来说，值班工作代表了本企业的工作，值班人员是本企业的总代表。值班工作的好坏，直接反映和影响着企业上下之间的关系、企业的精神风貌。

值班工作总的要求是准确、严谨、及时、热情、积极主动、保密。

1. 准确

（1）要做到信息传达准确。值班时通常用电话报告情况、传递信息，在接（打）电话时一定要准确传递或接收信息，重要的情况和指示应进行记录。通话后要核对一下，确认无误后再终止通话。

（2）要记录准确。在记录电话信息、写留言便笺等文字记录时一定要准确，而不能凭主观臆断来理解信息的范围和程度。

（3）要做到信息通达准确。信息通达准确，即该传到哪里就必须准确无误地传达到那里，不能扩大或缩小传递范围。

2. 严谨

严谨是指值班人员处理各种信息和完成任务时要多动脑筋，把事情想得周全一些。在日常工作中注意积累一些常用的资料以备查询。另外在说话办事中一定要注意哪些该说，哪些不该说，避免造成负面影响。

3. 及时

及时是对值班工作的特定要求。就是要求值班人员传递处理信息、办理文电要快，一般要随接随办。同时接办几件事，要按轻重缓急顺序处理，一般来讲应做到当日办结，当日办不完的要移交给下一班及时办理。

4. 热情

值班室既是一个企业的信息中心，同时也是重要的对外窗口，经常要接洽外企业或企业内的各种工作。因此语气要和蔼，待人要热情，这不仅直接影响工作的质量，而且还关系到整个企业的形象。

5. 积极主动

值班人员不仅要了解本企业领导的活动情况，还要尽可能熟悉基层企业负责人的一些情况，如有紧急事情即可取得联系。值班人员还必须掌握车站、码头、公安、消防、医院、招待所等处的地址、电话号码和交通路线，一旦需要可以及时联系。

6. 保密

值班室工作要注意保密。值班人员常常最先了解一些重大动态和带机密性的文件、事项。这就要求坚持保密，守口如瓶。值班日记和值班报告，无关人员不允许翻看。

二、值班工作职责

值班室的工作职责主要有以下几个方面：

1. 承办上级主管部门交办的事项

这主要包括传达有关主管部门对某一问题的指示意见，督促检查对上级主管部门指示的落实情况，通知、落实主管部门向职能部门临时交办的事项，向主管部门询问有关问题，传达临时性的会议通知，以及委托、通知有关部门接送客人等。

2. 处理各种紧急问题

值班室在正常工作时间主要起信息传递的作用，而在企业员工下班后，则要直接担负起处理各种急电、紧急文件和突发事件的责任。值班人员在处理这类紧急电文和事件时，要及时向有关领导汇报、请示，以便迅速处理。如来不及请示，要根据实际情况做好应急处理。

3. 负责信息传递

值班室每天都要接收大量的电话和信函。这其中有来自上级主管部门的指示，或对某项工作的布置，或对某一问题的查询及会议通知；有来自平行部门的协商事项；有来自下级部门的请示、报告或查询某项指示、文件等。值班人员在接到这些信息后，要做好记录。根据内容的紧急程度，送有关主管部门审阅。由有关主管部门或领导者交办后，值班人员则要立即通知有关部门或人员办理。

三、值班制度

要完成好值班任务，除了要求值班工作人员有较好的素质外，还应建立健全各项规章制度。值班室应有的规章制度主要包括：

1. 信息处理制度

信息处理制度包括对各种渠道传递来的信息基本处理程序，如下级部门用电话报送一条信息，值班员应如何记录、登记，哪一类信息应报哪一级领导。值班室内的信息刊物的审稿、校对、核发等，都应做出明确规定。

2. 岗位责任制度

首先，值班人员必须坚守岗位，不能擅离职守。对值班室内不同层次的值班工作人员应规定不同的职责，如带班员职责、值正班人员的职责、副班人员的职责等。

3. 交接班制度

值班室应坚持交接班制度，由前一天的值班员将所接收的信息及处理情况逐一交代给下一班值班员。对尚未办完的事项更要详细讲明处理情况，以便保证不断线；交接班最好是在值班室全体人员都在场的情况下进行，使接班的人员也了解前一天的值班情况。交班会一般在每天早上一上班进行，由前一天的值班员主持。

4. 保密制度

值班工作常常接触许多机密性文件和事情，应制定严格的保密细则，包括外来人员的接待范围、各种信息材料的保管方式、不同密级的信息材料的传递方式等。同时，应责成一位负责人分管保密工作，并选定一位责任心较强保密员，定期检查保密细则的执行情况。

5. 辅助性制度

为保证值班室有一个良好的工作环境，还应建立一些必要的辅助性制度，如“会客制度”“卫生制度”“考勤制度”等。

通过以上各项制度，使值班室便于管理，值班工作人员处理各种事项都有章可循，从而使值班工作制度化、规范化。

四、值班安排

企业值班安排各不相同，主要有以下几种类型：

1. 四人专职值班

安排的方法有三种：

（1）3 人轮班，1 人替班。

3 人轮班，每昼夜 3 班倒，每班 8 小时，保证办公室 1 人值班，使工作时间大体相等。替班人员主要是替 3 位值班员公休，剩余 3 天安排其他工作。这种方法适宜昼夜工作量相差不多的企业。

（2）3 人倒班，1 人带班。

带班者上常日班，一般兼管企业事务性工作。另 3 人每天 1 人大班（24 小时连班）、1 人小班（日班）、1 人休息。第一天小班的值班员第二天大班，第一天大班的值班员第二天休息，第一天休息的第二天小班，依此类推。轮到星期六、星期天和星期一上小班进行公休，这样，星期二至星期五白天 3 人（带班者加大、小班），星期六、日、一白天两人（带班者和大班），夜间一人值班。这种方法适宜白天事务多，夜间和节假日事情较少的企业。

（3）四人顺轮。

四人顺轮，即四位值班员挨个向下顺排，每人 8 小时或 12 小时轮流值班，节假日不另安排，平日不值班者还可上班做些弥补性、后续性工作。

2. 兼职值班

兼职值班是在正常办公时间，由企业有关部门（如秘书、行政）的人员兼职，值班室遇到的事，谁负责的范围谁处理；中午和夜间轮流值班。

企业所有人员（可以执行值班任务的人员）中午和夜间大轮班。每天 1 人，一天一轮换，把全体值班人员列表印发，轮到值班的时候自行上岗。值班者可提前吃饭。

方法与技巧

兼职值班，要特别注意班与班之间的衔接，交接班一定要认真细致。值班发生的问题、处理结果及遗留事项，要详细地记在“值班日志”上，并当面向接班人交代。

3. 专兼结合值班

专兼结合值班，即正常上班时间专职，中午和夜间兼职。办公室设1～2人专职值班员白天值班，其他时间采取第二种方法的安排，即大轮班或“单身汉”代班。

4. 星期日值班安排

除有专门值班员的企业以外，一般采取企业所有人员大轮班的方法，每季、每半年安排一次均可，但最好不要一次安排时间过长，以免遗忘误事。休息日轮流值班还要注意安排领导和司机值班。

5. 法定节日值班

法定节日值班需要加强力量，不但有领导带班，司机值班，而且一般需要有2人值班。由值班室在法定节日前排好值班表，明确交接班手续，印表分发给每个值班人员。

五、值班记录

企业应要求值班人员认真做好值班记录，以备查询及安排有关事宜。

1. 建立值班日志

值班日志（见表3—1）是值班人员所必须注意的事件，包含时间、值班人、事项、备注等。值班记录中最重要的是值班日志，值班日志应以天为单位，记录值班中遇到的情况和工作经历。值班日志的内容一般包括值班期间的来人、来电、来函、指示、工作事项、值班人员办理事项等。值班日志应清楚

表 3—1 值班日志表

1. 来宾登记 年 月 日（天气： ）

姓名	证件号码	所属公司	车牌号	接洽人员/部门	事由	到来时间	离开时间	备注

2. 员工外出登记

姓名	职位或部门	工作证号	欲往何处	事由	携出物品	外出时间	返回时间	备注

3. 进厂货品登记

送货企业	姓名	运货车辆		货品名称	企业	数量	收货部门	收货（验货人）	进入时间	离开时间	核对	备注
		车种	车号									

明确，有利于下一班值班人员了解情况，保持工作的连续性，有利于领导了解、检查、考核值班工作，有利于为编写情况反映、工作简报、大事记提供参考资料。

2. 做好请示汇报

值班期间发生重大情况或突发事件，值班人员要立即向领导报告，必要时可形成书面值班报告呈送有关领导。对把握不准的问题要请示领导，不得擅自越权处理。

通常请示汇报表格内容包括报告事项，来人、来电、来函企业、时间、来人姓名、职务、电话、内容摘要、拟办意见、领导批示、处理结果、报告等。领导批示后，值班人员按领导意见办理。

3. 来宾登记

对来企业的外来人员及其乘坐的车辆、携带的物品，都要认真办理登记手续（见表 3—2）。登记可以由外来人员自己进行，也可由值班人员代为登记。

表 3—2　　企业来宾出入登记表

<table>
<tr><td>来宾姓名</td><td colspan="2"></td><td>同行人数</td><td colspan="2"></td><td>来宾企业</td><td></td></tr>
<tr><td>联系电话</td><td colspan="2"></td><td>车别</td><td colspan="4">□轿车　□货车　□客车</td></tr>
<tr><td>进入时车辆</td><td colspan="7">□载本公司货品　□载其他公司货品　□空车</td></tr>
<tr><td>进出事由</td><td colspan="7">□交货　□提货　□参观　□私事拜访　□其他</td></tr>
<tr><td colspan="2">来宾自备工具、物品</td><td colspan="6">□没有　□有（请另填来宾自备工具、物品清单）</td></tr>
<tr><td colspan="2">接洽人姓名：
部　　门：
签　　章：</td><td colspan="3">进入时间：　时　分
离开时间：　时　分</td><td>值班人
签章</td><td colspan="2"></td></tr>
</table>

第二讲　接待工作管理

【学 习 重 点】

◇ 如何做好具体的接待工作。

◇ 接待工作的要点、程序和注意事项。

◇ 了解接待原则。

接待工作是行政管理的一项常规性任务，是日常经营中一项必不可少的工作。它不仅是工作的一个窗口，更对拓展业务范围，加强经济技术、业务合作与往来有密切的影响。一般企业都十分重视接待工作。

一、接待工作的特点

接待工作是企业的一项重要工作。随着社会经济的快速发展，各企业之间信息、技术、资金的交流日益频繁，这就使接待工作更加重要。企业接待工作要注意以下问题：

1. 更新观念、树立形象

企业应充分认识到接待工作是一种公关行为，是企业联系内外的纽带和桥梁。通过接待工作，企业可以树立良好形象，积累丰富的关系资源，扩大合作等。因此，必须把接待工作看做企业经济工作的一个重要组成部分，而不能仅仅停留在迎来送往、安排食宿的低层次上。

做好接待工作不仅是企业长远发展的需要，也是从更高层次上展示企业形象的需要。要树立“每一个人都代表企业形象，每一个人的一言一行都是企业文化的折射”的思想意识，保证高质量地完成每一次接待任务。

2. 精心策划，突出特色

要做好接待工作，必须有充分准备、精心策划，接待活动才有可能成为成功的公关活动，否则就成为一般的应酬活动，甚至可能损害企业的形象。每一项接待活动，都要以实现来宾的目的和企业的公关期望为原则，制定出符合来宾身份的完善的接待工作方案和实施细则，详细安排日程、接站、用车、就餐、住宿、参观等各项活动，充分考虑到各方面的细节。

每个企业都有自己的企业文化，作为展示企业形象的“窗口”，接接工作同样需要有自己的特色和风格。因此，要通过公关接待活动的每一个环节着力体现企业的特色。不论是宏观的整体方案的策划还是微观的接站牌的设计、汇报材料的写作，都要努力凸显企业与众不同之处，让来宾从接待工作中感受到企业文化的特色。

3. 优化流程、规范运作

接待方案制订以后，就要严格按照方案进行程序化运作，使接待工作中的各个环节有序衔接，必要时可以制作接待工作清单，对接待工作中的各要素进行全面清点，以确保工作进程的有序性、稳定性和连续性。同时，对接待工作中的每一道程序都要事先进行规范，这样才能确保整个接待工作有序进行。比如，在作接待工作总结时，接待记录的填写、总结材料的撰写、资料的归档都必须按规范操作。此外，行政人员要注意收集和掌握接待工作的相关知识，不断提高自身素养并注意实现资源共享。

4. 关注细节、注重实效

细节决定成败，接待工作必须周密考虑。这就要求接待人员加强灵活应变能力、临场发挥能力的训练，提高处理突发事件、意外情况的水平，以便将各类有损企业形象的细节问题解决在萌芽状态。

接待工作做好了，不仅会给上级领导和来宾留下深刻的印象，而且无形中会为企业带来商机，带来社会效益和经济效益。因此，行政人员要充分利用接待工作的每一个细节展示企业的风采和企业独特的企业文化，增强企业的凝聚力和向心力，提升企业的知名度和影响力。同时，还要对接待效果进行科学的评估与监测，及时做好来宾反馈信息的收集和处理工作，不断优化接待流程，力求接待活动效益的最大化。

5. 不断创新、追求卓越

结合企业自身的实际，自觉创新公关工作思路，丰富公关工作内容，才能推动接待工作不断创新。比如制订方案时可以考虑运用统一的模板，汇报材料可以用多媒体技术来制作等。这样的接待工作才具有时代特征和企业特色。积极探索能够更好地反映企业精神与企业亮点、体现企业文化的接待方式和方法，与时俱进、开拓创新，使接待工作在企业发展中发挥更大的作用。

二、接待工作的程序

接待工作既要做到热情周到、耐心细致，又要有条不紊、秩序井然。接待工作的程序一般有下列几项：

1. 接待前的准备

接待前要注意以下几个方面：

(1) 对来宾的基本情况做到心中有数，包括来宾的企业、姓名、身份、人数、来意、停留时间等。

(2) 制订和落实接待计划，根据了解的情况，负责接待工作的人员应及时向主管领导和有关人员汇报，听取主管领导对接待工作的安排意见。

2. 接待中的服务工作

服务工作包括以下几项：

(1) 迎接来宾。

(2) 妥善安排来宾的生活。

(3) 商订活动日程。

(4) 安排领导人员看望来宾。

(5) 精心组织安排好活动。

（6）安排宴请和游览。

（7）为客人订购返程车船票或飞机票。

3. 接待后工作

接待后工作包括以下几个环节：

（1）向来宾征求接待工作的意见，并询问需要办理的事情。

（2）把已经订好的返程车（船、飞机）票送到客人手中，并商量离开宾馆的具体时间。

（3）安排送客车辆，如有必要还要安排领导人员为客人送行。

（4）把客人送到机场、码头或车站，最后告别。

（5）可按照来宾的要求，通知来宾企业，告诉来宾何时乘何次车（飞机、轮船）返回，以便接站。

三、接待工作的规格

接待的规格主要指接待的条件及陪同者的级别。一般根据来宾的具体情况确定。

接待规格包括高规格接待、低规格接待和对等接待三种形式。例如，客户方的代表到公司商谈重要事宜，或下属公司人员来办理重要事项等，都要采用高规格接待，即陪客要比来客的职位高。而外地参观团来公司参观等，可采取低规格接待，即陪客职位可以比来客职务低。对一般性业务来往，公司采用对等接待，即陪客与客人职位、级别大致一样。

四、接待工作的原则

1. 区别不同规格，做不同的接待

不同身份与规格的来客，要区别对待，只有这样才能使来宾心情舒畅。

2. 热情周到，落落大方

无论是何种规格的接待，都应当热情周到地进行。

3. 接待中的保密工作原则

区别不同的接待，对有关事务或技术资料的公开程度要视工作的需要、接

待的需要区别对待。

4. 增进了解，改善工作

通过接待工作不断改进自己各方面的工作，增进彼此间的了解，协调各方面的关系。

五、接待工作的基本要求

1. 接待客人，必须有良好的精神状态

在待人接物方面应主动、热情，既落落大方，又不卑不亢。初次相识，应注意以下几个方面：

（1）热情迎接。

（2）主动引导客人到办公室或接待室就座。

（3）凡需请领导人员或其他有关人员与客人交谈的，应请客人到适当地方，倒好茶水再离开，离去时向客人致意。

（4）编制来客名录，以备日后查找。

2. 引导客人，应懂得一些基本礼节

在走廊时，应走在客人左前方数步的位置；如果引导客人去的地方较远，走的时间较长，应讲一些比较得体的话，活跃气氛。

3. 引见介绍

客人与领导初次见面，一般由接待人员介绍。介绍时，一般先把身份比较低、年纪较轻的介绍给身份较高、年纪大的；先把男士介绍给女士。

4. 握手问候

握手是最简单而常用的一种礼节，初次相见握手可成为认识的先导。同性之间的握手应当有力，以示热情友好；异性之间，则只需轻轻地握一下就行了。同领导握手，要根据当时的情况而论。

5. 乘车行路

陪同人员或接待人员乘车时要代客人开车门，请领导或来客先上车，而后自己再上车。在乘车时安排座位应注意，一般的坐法是“右为上，左为下；后为上，前为下”。

六、具体接待工作

1. 无约接待

来访者事先没有预定会见面谈，而是临时来访的，这种接待称为无约接待。对临时来访的客人，接待人员要有礼貌地询问来宾的来意，再根据当时的情况，凭借以往的接待经验，做出适当的应对办法。

倘若被访领导刚好单独一个人在办公室，完全可以会见临时来访的客人，此时应该请来访者稍等片刻，然后请示被访领导，得到同意后请客人进办公室。若被访领导不愿会见，此时可请示被访领导，是否可派其他人代见，被访领导允许并指定由某人代替，就应礼貌机智地请客人接受与该人会谈。倘若被访领导正在开会，且会议时间长，或这天安排会见很紧凑，客人面谈问题较复杂，则可以将情况清楚地告诉客人，然后再有礼貌地询问客人是否可以安排另外的时间见面。

2. 接待同行企业来人

同行企业的主要领导来访时，一般由公司领导接待；如果领导不在，或有事不能离开时，行政办公室人员可以负责接待。如果来的是一般工作人员，行政人员可自行接待。

3. 接待与公司有业务往来的相关企业来人

与公司有业务往来的相关企业来人，大多是来联系业务协作的，一般按公司领导意图，找有关业务部门负责人一同接待。在接待时，要注意相互交流情况，既要将公司的情况向来人介绍，又要主动了解来人企业的情况、发展趋势等。不论来人的具体目的如何，均以平等、热情、尊重的态度商谈工作。

如果双方在商谈工作过程中发生意见分歧，则做到冷静处理，互相谅解，互相谦让，不可意气用事。如果对方提出业务协作事项，可以洽谈条款。

4. 接待下属公司来人

一般来说，下属公司来人的目的，一是来汇报工作，二是来请示问题，三是来请求上级解决困难。因此除领导确定接待的，或来人指名要见领导的以外，均由行政办公室人员接待。

对来汇报工作的，接待人员认真记录汇报内容，对不清楚的问题仔细询问。倘若对来人回答不满意或来人当时回答不了，可请来人回去进一步搞清情况后再补充汇报。如果来人汇报的情况参考价值比较大，有书面材料，并且材料质量也很好，可要求把材料留下；若没有书面材料或材料质量不高，可请来人回去整理后再交来，必要时可向来人提出整理材料的建议，或与来人一起研究材料的具体写法。

对来请示问题的，请有关业务部门的人员参加接待。对所请示的问题，若已有规定，就按有关规定答复；若没有明确规定，待请示领导后，按领导的意见答复；若属重要问题，请对方写成书面请示，经有关领导批示后答复。回答问题时，做到观点明确，不躲躲闪闪，模棱两可，含糊其辞。

5. 接待新闻媒体采访

新闻记者来访，除指名要见领导的以外，一般都由行政办公室人员接待。接待人员要主动热情地接待记者来访，对与采访有关的要求尽力予以满足。记者的提问往往比较直接，接待人员应坦诚相见，尽量使他们得到满意的答复，如无法回答，应进行耐心解释，说明原因，尽量避免使用“不能说”“不知道”一类的词语。

记者采访完毕，接待人员可以问清是否报道，如果对方给予报道，就请他们写好报道稿件，送给公司领导审阅，由领导决定是否可以报道；如果记者要求公司写报道稿，接待人员可将记者的意见向领导汇报，经领导同意后再起草，或组织有关部门起草。稿件在发出之前，一定要经领导审阅；如果记者准备报道不利于公司的消息，接待人员要保持冷静，耐心加以解释，并尽可能为记者提供有关事实真相的全部资料，供他们核实研究，以便他们更正或补充，并将情况及时向领导汇报；如果记者要进行歪曲报道时，接待人员则应据理力争，并通过法律手段争取得到合理的解决。

6. 接待参观团组

其他企业前来参观学习，而参观学习者多数都是组成团组的，企业对参观团组的接待工作要重视。做好参观团组的接待工作可以让外界了解公司各方面的情况，促进公司同外部的关系，便于同外部相互协作。

前来参观的团组人数不等，规格有高有低。无论前来参观团组的人员多少，规格高低，都要认真接待。特别是接待那些规格较高的大型参观团组，更要细致安排，认真接待。一般安排熟悉公司各方面情况的人员负责接待参观团组，因为他们不但能够全面、系统地向参观者介绍公司的概况，而且能够即时、准确地回答参观者的提问。

7. 接待前来洽谈业务的人员

对前来洽谈业务的人员，经公司领导同意，行政人员或随领导一起接待，或与有关业务部门负责人一同接待。

方法与技巧

接待人员参与业务洽谈，要事先做好准备，做到知己知彼。“知己”就是真正了解公司的情况，以客观的态度，考察和评价公司的优势和薄弱环节。“知彼”就是尽可能多地掌握和准备好对方的情报资料，以此来预测对方通过洽谈要实现的目标。

8. 接待检查团组

为了检查企业情况，或者为了处理重大案件、解决重要问题，上级机关可能派各种检查团组深入工作。接待人员要根据检查团组的要求，积极做好接待工作。

一般情况下，企业主要领导要出面接待检查团组，接待人员要根据检查团组检查的范围、内容、重点、步骤及方式，协助领导做好准备工作。对检查团组关于公司工作的指导意见，要认真听取和记录，整理后向领导汇报。

七、接待工作应注意的问题

1. 切忌态度冷漠

接待工作如让来宾感到“人难见，脸难看，事难办”，甚至采取一种应付的态度对待来宾，就会产生很坏的影响。

2. 注意吸取经验教训，开阔视野

接待工作实际上是一个学习、提高的机会，要注意借鉴、吸收，学习好办法、好方式，比较分析，吸取长处，为我所用。

3. 重视“窗口”的作用

一个企业能否在外界产生好的影响，在很大程度上要看接待工作这个“窗口”，所以，必须十分重视接待工作。

4. 注意改进企业工作作风

接待工作是企业行政管理的一项重要的工作内容，这些工作做得好坏直接影响到企业的工作效率和形象，接待工作搞得不好，不仅使接待人员在来宾心目中留下坏印象，而且整个企业的形象也将受到影响。

第三讲　行政经费管理

【学 习 重 点】

◇ 企业行政经费管理方法。

◇ 节约企业行政管理经费。

企业行政经费管理，要服务于企业生产与经营这个中心，正确处理服务与监督的关系、企业与员工的关系，保证工作需要。加强经费管理，提高资金使用效果和财务管理水平，能够促进企业发展。

一、预算资金管理

预算资金管理是企业行政经费管理的重要内容。要做好这项工作首先必须进行行政经费预算编制，上报审批，然后对拨付后的资金进行使用管理。对预算资金的管理应从以下两方面进行。

1. 编制年度预算， 报请领导批准， 形成正式预算

在申请领取经费时，应根据所批准的经费年度预算编制年度分季用款计划，呈报上级领导。上级领导一般根据各部门的季度用款计划和上月会计报表，并结合各部门的业务和资金结存情况给予拨款，并按月拨付，但不许办理超预算计划的拨款。

2. 设立管理账目

领取拨款后，应按资金的性质分别设立“经费存款”和“其他存款”账目。其中“经费存款”是办理预算资金结算的账目，“其他存款”是办理预算外资金结算的账目。

二、业务费管理

1. 公务费项目

业务费包括差旅费、办公用品费、水电费、取暖费、邮电费、行政设备维修费等项目。

2. 公务费管理要点

（1）用好、管理好业务费。

业务费在公用经费中比重大，伸缩性也较强，审核业务费时应请有关领导把关，并依靠各业务部门具体掌握。最好是制定合理的定额，进行定额管理。对于大项业务费用，应实行专款专用，以保证该项业务工作的正常进行。业务费管理要注意以下几点：

①明晰各类账目，专项管理。

业务费涉及面较广，各类专门经费的使用资金都会集中在一起，因此必须分清明细账目，专款专用。

②专人负责，监督使用。

业务费的使用与管理还必须由财务部门专人负责，并有一定的监督机构与机制，合理地使用业务费。

③尽力节约，发挥最大效能。

业务费的使用，要本着节约的原则，拓展新的渠道及开展新的业务，从发挥最大效能的角度出发来考虑问题。

④建立预算体制，制订收支计划。

业务费的管理必须在有计划的基础上，切实地建立经费预算体制，制订计划，合理地使用和正常地管理。

（2）勤俭节约，认真做好节支工作。

对公务会议费等专项开支，要量入为出，精打细算。对差旅费也要从严控制，对长途出差人员应按往返路费等借款，对短途出差人员一般不予借款。而且长途出差借款应由各部门主管经费开支的领导审批，限出差回来后三天内报销差旅费，并收回借款。在用电、水、煤及邮电费等开支方面也要从严控制。

三、行政经费的节省方法

1. 消耗品费用节省方法

（1）节约使用消耗品。

从橡皮擦、铅笔、回形针、订书机等小的办公用品做起，养成良好的使用习惯，不随便浪费。如规定某些文具领用后最少 6 个月内禁止再申领。即使金额很小，也要制定出基准，依照申请制度领用，禁止随便购买。

（2）所有消耗品要制定领用明细标准。

①对每人橡皮擦、铅笔、圆珠笔制定领用明细标准，然后每 6 个月一次，定期检查，多余的办公用品先回收。

②订书机、剪刀、胶带等使用频繁的东西，划为共用；橡皮擦、圆珠笔等用完才能更换。

③由于个人原因遗失的物品，个人负责赔偿。

（3）企业的物品不要私自使用。

在企业内事务用品中，能变为私用的东西很多。例如，电话费、交际费、样品、促销品等。这样不但增加费用支出，也违反企业相关规定，因而应制定相关规定予以严格控制。

（4）在企业内部联络用的消耗品要尽量简化。

联络用的文件，尽可能鼓励利用使用过的纸张背面；需要装入信封的文件，可以用外面寄来的旧封套；不是机密文件不必装入封套内；两张以上的文件，使用回形针也是一种浪费，用订书机钉上或用胶水贴上即可。

（5）标示事务用品的价格。

由企业提供的物品，员工往往没有成本观念，容易造成浪费使用，所以需要把办公用品如剪刀、橡皮擦、铅笔等全部标示价格。对每种用品的成本是多少，让所有员工都做到心中有数。

2. 电话费节省方法

（1）贴出电话费用表。

为了要让所有员工对电话费都有成本概念，可以编制电话费用表贴在电话机前。费用要详列，市区每分钟多少钱，长途电话每3分钟、每10分钟为多少钱，都要详细列明。

（2）电话通话定时。

通话时要求长话短说，通话之前做好充分的准备工作。为此全企业可展开“电话在3分钟内完成”的活动，这样可节省许多因“煲粥”而产生的电话费。

（3）长途电话要经由总机。

为了减少电话费，长途电话都由总机发出。电话机前放置记录用纸，填写通话结果。这样可以做笔录，同时可防止无谓的长途电话使用，也不会打错电话。

（4）利用5W2H表格。

为了节省电话费用，打电话前先做成5W2H的表格，整理后再打电话。这个表格不只是打电话前使用，接听电话或其他“转言记录”也要广为利用。

（5）禁止电话私用。

私人电话不但是费用的损失，也会妨碍其他人工作，所以绝对禁止。

3. 能源费用节省方法

（1）每一盏灯设置一个开关。

通常在房间的进出口集中设置开关。日光灯每一盏设置一个开关，可以节省电费。

（2）尽量使用节能灯。

节能灯的耗电量是普通灯泡电费的1/3，所以在办公室内尽量使用节能灯，同样的节能灯白色比晨光色的功效强10%。在屋外要用水银灯，相当于普通灯泡7～8倍的照明效果。

（3）节能灯管提早换装。

节能灯管的使用寿命在3 000～5 000小时，节能灯管寿命终了前，应尽早换装，使用到最后会增加电费及失去效率。要计算使用时间较为困难，可将用到灯管出现黑影圈时确定为换装时间，每月底定期检查换装。

（4）适合场所的照明度。

洗手间、楼梯间、走廊等以150勒克斯或200勒克斯为宜，办公室用300～500勒克斯较为合适，会议室要根据气候、白天、晚上的需要而装置照明调节器。

（5）暖气器具的保养。

暖气器具的保养要在使用前进行，是否完全燃烧会造成一个冬天下来燃料费耗的巨大差别。反射式的暖气用器，每天勤擦拭，可提高热效率。由于热气是向上升的，所以要安装空气循环器，也可以考虑在天窗附近安装风扇。

（6）空调安装位置要适当。

空调尽量装在日光直射不到的位置，最好装在朝北的方向。日光直射的窗户应使用滤光装置，避免日光直射，或利用窗帘遮挡。在外面的空调在日光的照射下会影响效率，上面要装设遮阳板以避免日光直射。

（7）空调每月清理一次。

空调机的蓄电座与滤压器的清理，要有每月清理一次的习惯。一年都不清理会减少20％的热效率。

（8）空调的温度不要调得过低。

夏天空调的温度不要调得太低，应保持不低于26度。为了不超过企业内规定的温度，应派专人每小时检查一次温度。每超过一度就要多花约10％的电费支出。

方法与技巧

空调温度调得太低不只造成电费的浪费，也容易让人生病，因为与室外温度相差太大，会导致体力消耗，所以应依实际情况适当调节温度。

(9) 让复印机定时休息。

许多企业的复印机电源一打开就放着不管，但又并非一整天都在使用。尤其是午休时间几乎不使用，因此休息时要将复印机电源切断。而使用复印机频率小的部门，最好确定固定时间才使用复印机。

(10) 水龙头要关紧。

自来水漏水的损失很大。例如像线丝的漏水，24 小时就能流失足够一个人洗澡的用水量；滴漏 24 小时也有三桶水。这些看起来都微不足道，但长年累月累积下来就是一笔很大的浪费。

4. 纸张费用节省方法

(1) 对纸张流程有无浪费做总检查。

事务工作和纸张有很大的关联，纸的数量增加会导致全体的工作增加，因此企业内部要仔细查看纸张的使用情况。

①是否有已不再使用的账簿等。

②能否减少分类和项目。处理账务工作的人所做的账务传票类，既复杂又难以了解，做的人麻烦，看的人也费神，所以账簿如果不能井然有序，就不具有任何意义。

③能否减少账票类的张数。尽可能依据简化的内容减少张数，即使是一张。

④能否减少散发资料的份数。出席的人数尚未确定就大量影印资料，这种现象应杜绝发生。

(2) 适当订购印刷品。

仔细地调查企业过去印刷品的订购及使用情况，而后注意适当地订购。最好把消耗品及商品库存一年要增加企业 30％的成本的观念牢记在心。

(3) 两面复印。

用复印机复印时尽可能复印双面，这样做会降低纸张的费用，且在邮寄时，费用也会降低。另外，将这些复印件归档时，档案用纸也会减少。

(4) 统一纸张的大小。

使用复印机时不必一定用大规格纸张，因为复印机性能提高之后，复印时具有放大、缩小的功能。

即使可依资料的内容不同而调整影印纸张的大小，但各部门最好仍依其使用纸类尽可能进行标准化，这样也有利于文件及档案的整理。

（5）废弃的纸不要丢入垃圾箱。

重要的文件以碎纸机裁碎后，可以作为填充料或是进行回收变卖。办公室纸类及报纸，最好也汇集起来当做废品回收。但是在许多办公室里，多数将这些纸丢入垃圾桶，而写坏的纸张通常撕掉或揉成一团丢掉，但是最好把它当做便条纸、稿纸等再充分利用。

第四讲　企业印信管理

【学 习 重 点】

◇ 掌握企业印章管理要点。

◇ 了解企业介绍信和凭证的管理。

印信是指企业的印章、介绍信、凭证等，是企业对外联系的凭据和企业权力的标志，一般由行政部门保管与管理，由于印章、介绍信、凭证在日常工作中常要用到，所以是行政部门的日常事务之一。

一、印章管理

1. 印章的种类

印章是印信凭证的一种，是刻在固定质料上的代表机关、组织或个人权力、职责的凭据。盖印，标志着文件生效和对文件负责。印章具有三个特性：一是法定性，我国各类组织都是依法成立的，合法的机关印章才合法，印章经过依法批准才合法，即使公安部门管理着特种行业，但其本身公章的制发，也必须按规定办理；二是权威性，印章是组织权威的象征，组织权威的实现是以印章为鉴证的；三是效用性，有了以上两点，印章才有效用，发的文件才能被承认和执行。

印章又称印信，可分为正式印章、专用印章、钢印、缩印、手章、名章和戳记七类。在企业行政管理活动中，通常使用的印章主要有三种：第一种是自企业成立之日起，由上级主管部门颁发的机构全称公章或钢印，此种印章代表该企业的合法存在，文件、证件等一旦盖上企业公章，即表示已受到企业认可，正式生效。第二种是企业领导的签名或图章，属于公务专用，这类印章代表了企业领导人的身份，同样具有权威性。第三种印章是企业行政办公部门印章，这种印章一般只使用于本企业内部，不代表本企业的独立性和法律性。

印章一般具有三个特征：

（1）法定性；印章随企业依法批准成立而刻制。又随该企业依法更名或撤销而作废。因此，企业的法定性决定了印章的法定性。

（2）权威性；印章是企业合法存在的象征，因而具有权威性，企业所颁发的各种文件只有盖了它才具有合法性和权威性，人们才会服从并执行。

（3）效用性；只有加盖了公章的各种文件才会被作为凭证而被人们认可并产生效用。

印章刻制根据企业性质的不同而不同，但都必须合法标准。合法是指应到经相关机关批准的制章单位刻制印章，否则便不合法；标准是指刻制印章的质地、尺寸、字体、排列等要合乎相关规定，要雕刻得端正、清晰，达到规定的标准。

因为印章代表着权威，代表着效用，所以对印章的管理很重要，管理者切不可掉以轻心。

一般而言，印章必须由专人管理，多人掌握印章谁都可以用印的现象必须纠正。对于现代企业，最关键的是要建立严格的用章制度，以保证印章的安全使用，防止滥用和盗用。接收印章要登记印章的名称、枚数、启用时间、收到时间等内容。印章要存放在铁皮柜、保险箱、坚固的抽屉等安全的地方，随用随取，用毕放回并加锁。一般而言，不得擅自将印章带出办公室，如因情况特殊确需携印外出，一定要经有关领导批准，并采取严格的防范措施，确保安全。如将印章遗失，需立即报告，并向公安机关备案，以登报、声明等形式通知有关单位，申明原印章作废。

印章保管人员务必职业道德优良，工作作风认真细致，不让别人代自己用印，不能以权谋私，滥用公章，因为，如果印章保管不善，就有可能为坏人所利用，不但会给单位造成损失，印章保管人员也将受到法律制裁。

若需使用单位印章，原则上必须由单位负责人批准；若需加盖办公室印章，需由办公室负责人批准；一般不涉及原则和重大保密事件的用印，只需由用印人员按照规定办理。

要严把用印登记手续，详细登记用印的时间、用印人、批准人、用印内容、数量等，并妥善保存，以备核查。

印章和落款名称必须相符，如果为临时机构代办盖章，则一定要注明"代"字。

用印务必正规，要选择红色印泥，印章要定时清理，以免字迹模糊不清。一般而言，用印时要求盖在署名中间稍微偏上的位置，几个单位联合签发的文件，印迹不得互相重叠交叉。

另外，用印人员要掌握必要的盖章技巧，如印油需调到浓淡相宜，用印时，右手端正握印，平稳落于文件之上，盖印用力均匀，盖后小心平直向上拿起印章，以防搓花印迹。

一般来说，印章的种类主要包括以下几种：

（1）印鉴。

印鉴指的是公司向主管机关登记的公司印章或指定业务专用的公司印章。印鉴根据不同公司的具体情况可以分为刻有公司全称的公司名印、分公司名印等，它用于较为重要的文件或表格，特别是在对外使用时作为公司法人的标志之一，印鉴的权威性和严肃性必须得到切实的保证。

（2）职章。

职章指的是：董事长、各公司总经理刻有公司名衔及职别的印章；刻有职别及特定业务专用的主管印章。根据具体职衔的不同，职章主要包括董事经理、董事副经理、常务董事、董事、监事等职务印章。分公司领导印章以及其他高级职员名章等，它用于需要明确用印责任的场合，属于企业责任制的一部分。

（3）职衔签字章。

职衔签字章指的是各公司中层以上主管刻有职衔及签名的印章。职衔签字章是在职务印章的基础上加上使用者签名的印章，也是企业强化责任制的标志之一。

（4）部门章。

部门章指的是刻有公司及部门名衔的印章。部门印章根据公司的具体组织结构包括总务部印章、物资部印章、财务部收据专用印章、财务部申请专用印章及其他不同部门的印章等。特别要注意的是，不对企业外行文的部门章加注“对内专用”的字样。

（5）校对章、骑缝章、附件章。

这几种印章指的是刻有公司名衔和“校对章”“骑缝章”“附件章”等字样的印章。

2. 印章的刻制

印章的刻制是印章工作一个重要环节。不论刻制哪一级单位的印章都要有上级单位批准成立该单位的正式公文。刻制印章时，必须由本单位、本部门申请，开具公函，并详细写明印章的名称、式样和规格，经上级单位批准。到单位所在地的公安部门办理登记手续。印章必须在持有公安部门颁发的特种行业营业执照的刻字单位制作。

在印章刻制过程中，要严格按保密要求办理。承担刻制印章的单位和刻字者，一律不许留样和仿制。本单位不许自行刻制自己单位的印章。刻制本单位的业务用章，也须持有本单位的正式公函，刻字单位才能办理刻制手续。公安部门虽然管理着刻制印章的行业，但其自身公章的制发，也必须按规定办理。对于伪造印章和使用伪造印章者，应当依法惩处。我国刑法第一百六十七条规定：“伪造、变造、或者盗窃、抢夺、毁灭公文、证件、印章罪的，处三年以下有期徒刑、拘役、管制或者剥夺政治权利；情节严重的，处三年以上十年以下有期徒刑。”

3. 印章的启用

在选择好印章的启用时间后，应该提前向有关单位发出正式启用印章的通知，注明正式启用日期，并附印模，同时报上级单位备案。颁发机关和使用机关、单位都要把启用日期的材料和印模立卷归案，永久保存，在启用印章通知规定的启用日期之前，该印章是无效的，只有在规定日期开始后，印章才能使用。

4. 印章的保管

（1）选择好印章放置的地方。

一般放在企业的机要室或办公室较好。若企业没有设机要室或办公室，行政主管则应指定专人负责印章保管，并存柜加锁。

（2）选择好保管印章的人员。

通常而言，行政主管在选印信保管人员时，应挑选责任感高、保密观念强、敢于坚持原则的人员来管理保管。

（3）印章的保管应建立起严密的制度。

①要建立印章保管登记册，载明什么印章、印文、印模和保管人姓名等项。

②对印章保管人员应明确责任，保证印章的正常使用和绝对安全，防止印章被滥用或盗用。

③按保密要求，印章保管人员不得委托他人代取代用。

④保管印章要牢固加锁，防止被盗。用完印章后要随即锁好，不能将印章随意放置在办公室桌上或敞开保管柜。对于印章被盗用而产生的后果，保管人员应该负有法律上的责任。

⑤一旦发现保管的印章有异常情况或丢失，应该保护好现场，报告领导，查明情况，及时处理，必要时报告公安机关协助查找。

5. 用印

行政主管在用印管理上要十分谨慎，要求每次用印要履行批准手续，并进行登记。印章管理人员在使用印章时应做到以下几点：

（1）检查批准用印的签字。

用印时，首先应检查是否有相关负责人批准用印的签字。原则上，企业都制定了有关用印的规定，用印应由企业的有关负责人批准。但是，有的企业为避免使管理者陷入一般性行政事务，对一些不涉及重大问题的事项用印时，如开具一般性证明等，往往将权力下放给办公室负责人或印章管理人员。但这也有一定的规定范围，超出范围的用印，仍应请示管理者批准。

（2）审阅、了解用印内容。

要求不能不看内容就盲目盖印。同时，还要检查留存材料是否交全。一般用印要保留的材料有：

①一般信件应保留有管理者签批的草稿。

②协议书、合同应保留一份文本。

③荣誉证书等各类证书要附有颁发文件或领导人批准的书面材料、名册及证书的样本。要逐一核对证书与名册的姓名是否相符，并清点证书数量与名册的人数是否相同。

④如果实在没有留存材料，那就要详细地记载用印情况。这主要有两种情况：一种情况是，管理者在某份文字材料或文件上签批了意见，需加盖公章，应详细登记，注明何人在什么文件上签注了什么意见，发往何处等。另一种情况是为了证明某人为某企业员工，如在汇款单上加盖公章。这种用印虽然不用留底，但也须进行登记，不能随便拿来就盖。因为加盖公章后就起着凭信作用，是要对此负责的。

（3）用印登记。

每次用印都进行登记。登记项目包括：用印日期、编号、内容摘要、批准人、用印单位、承办人、监印人、用印数以及留存材料等项。

方法与技巧

除了机关单位的介绍信有存根，发文有发文登记簿而不用登记外，其他每次用印，不论大事或小事，都应进行登记。

（4）盖印。

对公文、函件经过上述审查、登记以后，即可按要求加盖印章。

①盖章时精神要集中，用力要均匀，使盖出的印章端正，清晰、美观，便

于识别。印章文字不能歪斜或颠倒。

②以企业名义发出的公文、函件必须加盖企业的印章。

③凡是在落款处加盖的印章都要端正盖在成文日期的上方，并做到上不压正文，下压成文日期年、月、日中四个字（视印章大小而定），俗称“齐年盖月”。

（5）整理留存材料。

把用印留存的材料进行编号整理，归卷存档。对其中具有查考价值的，要在年终整理立卷时归档保存。

（6）正式印章使用的地点。

使用正式印章要在办公室内。一般不能将印章携带出企业以外使用。印章不能脱离印章管理人员的监督。在一般印刷厂套印有企业印章的文件时，应有印章管理人员现场监印。

（7）不允许盖空白凭证。

印章管理人员应不允许出现盖有印章的空白凭证，因为他对于印章使用的后果要负有责任，因而，对于一切用印情况都应该具体掌握。

但在有些特殊情况下，需做特殊处理。比如，有的业务部门以企业的名义颁发凭证，需要事先加盖领导单位的印章或套印，然后再填发。在这种特殊情况下，就按以下要求进行处理：

①要有企业管理者的特别批准。

②此类凭证要有指明用途的特定格式，除了这种指定的用途以外，不能再用做别的凭证。

③此类凭证要逐页编号，最好将它装订成册，并留有存根。

④印章管理人员对于此类凭证只进行宏观上的管理，即只办理领取登记的手续。登记的项目包括：凭证名称、起止号码、张数、领取人签名项目。

⑤此类凭证的具体管理，应由领用部门负责。领用部门要派专人负责管理，填发时应履行批准手续。

（8）代章。

有的企业或者因为刚成立，或者因为改变名称，或者因为改变隶属关系，印章没有刻制出来，而有些工作又急需要使用印章，这时可以采取代章的办法，即用其他印章代替应使用的印章。代章要在落款的后边注明“代”字。

6. 印章的停用

企业印章在企业名称变更、企业撤销、式样改变或其他原因时，印章停止使用。应该按照上级规定及领导的指示，认真负责地做好印章停用后的善后工作。首先要发文给与企业有业务往来的单位，通知已停止印章的使用，并说明停用的原因，标明停用的印模和停用的时间。其次要彻底清查所有的印章。停用的废印章不能在原企业长期留存，要及时送交颁发单位处理。

正式印章停用或作废，并启用新章时，要发旧章作废、启用新章的通知。作废的旧章印在“印模栏”内，用红色；启用的新章印在“方框栏”内，用蓝色，表示刚刚启用。

按规定，旧章停用后，已失去原有的法人标志，不能作为现行企业职权和活动的凭证。在特殊情况下，必须使用原企业名称时，也要坚持原则，使用新印章，不能使用旧印章。但可到公证处进行公证，公证“××单位”就是“原××单位”。这样，既遵守了印章使用制度，又做出了灵活处理。

7. 废印章的存档和销毁

旧印章停用后，应清查全部印章，并把清查结果报告管理者，请管理者审定旧印章的处理办法。根据管理者的批示，区分不同的情况，或者上缴颁发机构切角封存；或由印章作废单位填制作废印章卡片，连同作废印章一起交给当地档案馆（室）立卷备查，并将作废印章予以销毁；或由本企业自行销毁。

销毁废旧印章，必须报请企业负责人批准，销毁时要有主管印章的人员监销。所有销毁的废旧印章都要留下印模保存起来，以备日后查考。

二、介绍信管理

介绍信是一种使用相当广泛的身份证明。企业的人员要出差办事，需有说明任务、证明身份的介绍信。介绍信的形式一般有两种：一种是行政部门掌管的工作介绍信，按照统一格式印制，使用比较简单。有制发单位名称、使用人姓名、职务、事由、时间、有效期、用印等，只要填写即可。另一种是用公用信笺书写的。这是为请求或希望或证明某种情况而使用的。这类介绍信书写时要求叙事清楚，语气委婉。使用介绍信，应严格掌握制度，当开则开，不开空白介绍信。介绍信的使用要严格管理，开出介绍信，转介绍信，都要履行一定手续。

1. 开具介绍信的手续

需要企业介绍信者，应填写企业介绍信签批单，经所属主管批准后，行政人员根据此单填写介绍信，盖章后发给需用人。履行签批手续，一可防止个人乱用介绍信；二可使企业领导掌握开具情况。

2. 介绍信本的管理

对企业介绍信的管理，应建立严密的有据可查的方法。大规模企业的介绍信，往往分给几个部门管理使用，行政部门在给职能部门分发空白介绍信本时必须严格履行登记签收手续。

3. 使用介绍信须知

（1）负责管理介绍信的行政人员，应严格执行使用介绍信签批手续，否则，出现问题无处查找。严禁发出空白介绍信。

（2）介绍信存根应严善保管，按保密要求归档，保管期 5 年。

（3）因情况变化，介绍信领用人没有使用介绍信，应即退还，未及时退还的，行政部人员要去收回。收回后，将它贴在原存根处，并写明情况，以免丢失。

（4）若发现介绍信丢失，领用人应立即反映，及时采取相应措施。

（5）行政部在接待外单位介绍来人时，应认真查对来人姓名、商办事项和介绍信所开列的是否相符。

（6）一项工作需要多次联系的，未结束前，其介绍信可继续使用。结束后，行政部一定要将介绍信收下备查。

（7）对前来借物、借款以及商洽较重大事件的人员，当事情已经办妥，在留下介绍信时，行政部人员应要求该人员在介绍信反面签注办理情况，如经手借到有关资料几件，以便日后查对。

4. 使用介绍信注意事项

（1）使用介绍信者的合法身份与事由要严格审核。用信人的姓名、身份、人数、事由要一一写清楚，防止冒用。

（2）企业名称要用全称或规范化的简称。签署、用印、时间等要写明。

（3）介绍信要有编号和骑缝章。存根和发出的信要一致。

（4）公司不允许开具盖有公司公章的空白介绍信、证明，如因工作需要或其他特殊情况确需开具的，必须经公司二级主管领导书面批准，综合管理部门严格登记、追踪管理。领用部门的人员填写"空白纸加盖公章明细表"，定期向管理部门返还已使用的文件的复印件，并将未使用的文件交回。

三、凭证管理

不管是哪种凭证，都需要用印。有的用钢印，如工作证；有的用缩印，如票证；有的用领导专用章，如学生证要用校长专用章；有的用铅印等。无论用什么印，都要有严格的制度。

1. 凭证管理要求

（1）逐号逐份点收，不得成捆论堆，并要严格履行签收手续。

（2）建立正式的凭证文件登记，不能以"良心账"代替登记。

（3）选择保密的地点和坚固的箱柜，有条不紊地入库保存，不得乱堆乱放。

（4）定期进行检查，做到心中有数，若发现异常情况，要随时提出处理意见。

（5）建立严格的出库登记，所有发出使用的凭证都要履行登记签收手续。

（6）定期进行盘存查结，向领导报告保存情况，不敷供给要报请领导机构批准再印。

2. 有价证券和其他重要凭证的管理

（1）管理方法。

对于有价证券和其他重要凭证，应该参照国家规定的金库管理办法进行管理。特别要建立两人同管制度、出入监督制度和全面密封制度。两人同管，必须做到事事两人同办，从入库点收起到出库登记止，包括中间的一切存取、开关、密封、检查、盘存、结报的程序在内，都要两人一同临场、一同过目、一同查对，不得单人开关库房和箱柜。出库、入库，均应由主管领导亲自监督。平时应该采用尽量可靠的办法密封，并且要做到启封办完以后立即密封。

(2) 保存。

凭证文件具有很高的查考价值，大都需要永久保存。因此，有关凭证的正件、抄件、存根、复写件和文稿、草图、签发、资料，都应该及时整理，妥为保存，并按立卷归档的规定，随时分类入卷，定期整理归档，不得随意丢失，更不准自行销毁。

思考与练习

一、术语解释

1. 值班

2. 印信

二、选择题

1. 值班制度主要包括（　　）。

A. 信息处理制度　　B. 岗位责任制度

C. 交接班制度　　D. 保密制度

2. 接待前的准备工作有（　　）。

A. 了解来宾情况　　B. 制订接待计划

C. 安排来宾活动　　D. 安排日程

3. 下列属于公务费的有（　　）。

A. 差旅费　　B. 奖金

C. 水电费　　D. 办公用品费

4. 公司向主管机关登记的公司印章或指定业务专用的公司印章是（　　）。

A. 职章　　B. 职衔签字章

C. 印鉴　　D. 部门章

三、填空题

1. 值班的辅助性制度有________、________、________等。

2. 接待规格包括________、________、________三种形式。

3. 一年不清理空调的蓄电座与滤压器，会减少________的热效率。

4. 印章的三个特点是：________、________、________。

四、思考题

1. 在接待工作中，要遵守什么原则？

2. 想一想，该如何节省企业行政经费？

参考答案：

一、术语解释

1. 值班工作是组成一个企业工作网络的重要细胞，是一个企业的枢纽工作，起着沟通上下、联系内外、协调左右的作用。

2. 印章是印信凭证的一种，是刻在固定质料上的代表机关、组织或个人权力、职责的凭据。

二、选择题

1. ABCD 2. AB 3. ACD 4. C

三、填空题

1. 会客制度、卫生制度、考勤制度

2. 高规格接待、低规格接待、对等接待

3. 20%

4. 法定性、权威性、效用性

四、思考题

（略）

第四单元

企业会务管理

第一讲　会议的准备和组织

【学 习 重 点】

◇ 掌握会议的安排和协调管理。

◇ 掌握会议的与会人员、时间、地点、通知和议程等工作。

◇ 了解会议的含义、类型和特点。

一、会议概述

自从有了人类组织，就产生了会议。经过氏族、部落、部落联盟以及国家的漫长发展过程，今天，会议已成为现代社会开展政治活动、经济活动、文化活动和其他活动的重要方式之一。会议一词有两种含义，一是指有组织、有领导地商议事情的集会，如厂长办公会、职工大会等；二是指一种经常商议并处理重要事务的常设机构或组织，如全国人民代表大会、中国人民政治协商会议等。本书所指的会议是第一种。

在国外，会议和会谈、大会又有区别。《韦氏新大学词典》认为，会议是"一种会晤的行为或过程"，如为了一个共同目的的集会。会谈是"一种通常的、正式的意见交换，例如磋商"；"一种两人或更多的人对共同关心的事情的商讨"。"大会的确切含义一般指那些大型的正式的会议"。这些都可统称为会议。

会议种类很多，其划分标准多种多样。按规模分，有大型会议、中型会议、小型会议；按级别分，有国家级、省市级、县级会议直至居民小组会议；按机密与否分，有公开会议、内部会议、机密会议；按参加者身份分，有党员会议、民主党派和无党派人士会议、领导会议、群众会议；按国内还是国外分，有本国会议、国际会议；按参加会议的国家数目分，有双边会议（两个国家）、多边会议（三个或三个以上国家）等。

会议是解决问题的手段之一，是领导工作的一种重要方式。作为行政人员，应该认识到会议的重要性，正确的运用会议这一手段进行管理。

二、会议类型

会议的类型有很多，下面简要介绍几种比较常用的会议。

1. 例行工作会议

例行工作会议通常称为例会。这种类型的会议又可分为两种，一是领导对工作中的重大问题做出决策的会议，如企业管理曾召开的常务会议。这种会议要研究一些重大问题，制定比较大的方案、措施；会议议题一般都是事先准备好的；有的要提前通知出席会议人员，会后一般要形成会议纪要，有时要做出决议或者决定。另一种是领导成员之间交流自己分工负责范围内的工作，互通信息，没有预定的议题，多数也不形成会议纪要。这种会议一般是定期召开。

2. 专题性会议

通常称为业务会议。这类会议多是就某一项工作、某一个问题召开的，会议任务比较单一，讨论的问题比较集中，参加会议的人员除了领导人员之外，也可吸收一些熟悉业务的工作人员或者专家参加。

3. 布置和总结性会议

这类会议是为了布置和总结工作，一般是在一项工作开始或者结束时召开（工作开始时召开为布置工作会议，工作结束时召开为总结工作会议，有时也可按阶段进行，布置、总结合二为一），或者在一年、一季、一月的开始、结束时召开。出席会议的人员根据需要确定。布置工作的会议一般要形成对这项工作的安排意见；总结工作的会议一般要形成工作总结报告。

4. 座谈会

这类会议比较灵活，会议可大可小，参加的人数可多可少，座谈的内容范围也可宽可窄，一般有事先确定好的议题。这类会议一般是为了交换意见而开，一般不形成决议，但重要的可形成纪要。

5. 群众大会

这类会议规模大、范围广、参加的人员多，开这类会不是为了研究解决问题，而是为了渲染气氛，扩大影响，以推动某项工作的开展或教育群众。譬如誓师、动员，纪念重大节日、重大事件或表彰先进模范，命名光荣称号等。

6. 代表会议和代表大会

这类会议是充分体现社会主义民主的一种会议形式，如各级人民代表大会，各单位职工代表大会等。这类会议有相应的职权和任务，一般要审议报告，制定章程、法规、制度，选举常设机构成员等；出席会议的代表要按法定的程序产生；会议一般要形成决议、决定。

7. 现场会议

这类会议通常是领导在下属单位或部门召开的，目的是以点带面地总结推广工作经验，或者举一反三地解决某一方面的问题。这种会议的目的是当场解决问题，实行面对面的领导或指导。现场会一般都形成纪要，参加人员根据需要而定。

8. 电话会议

同时异地通过电话传输内容的会议。在现在的通信条件下，电话会议的内容一般是布置工作，会议时间一般不能太长。

9. 电视会议

这类会议也可分为两种：一种是报告式的，利用现代化的电视手段传输会议的主会场图像，异地参加会议的人员收听、收看，其内容一般是公开的。另一种为讨论、研讨式的，参加会议的人员可以通过电视电话发言、讨论问题，内容一般是不宜公开的。开电视会议需要一定的技术条件，要电视、通信部门的紧密配合。

10. 预备会议

正式会议之前召开的、为正式会议作准备的会议，作用是使正式会议讨论的问题更集中。

三、拟定与会人员

对企业来说，减轻企业成员的会议负担，就是一种人力资源的节约，选择参加会议人员是关键。不能只看谁有资格参加，而要弄清谁有必要参加。所以，应根据会议的性质、内容，提出具体的与会人员范围和名单，交企业领导审定。

1. 与会人员拟定办法

拟定办法大致有以下四种：

（1）有固定成员的例会。

管理层例会、部门例会等，由于与会人员是固定的，只需根据议题的需要，另拟需要列席人员。

（2）担任一定职务的人参加的会议。

如总经理召开的部门经理会议、企业的销售代表会议，其会议名称已确定了与会对象，只要按部门和名单发通知即可。

（3）与会代表须通过选举或推举产生的会议。

如员工代表大会等，行政部要提出一个关于代表产生的范围、代表的名额分配、代表的条件的建议。

（4）对与会者有要求的会议。

各种协商会、座谈会、宴会等，对与会者包括特邀代表有一定的要求。多少人出席，请谁参加，要全面考虑。

2. 拟定应注意事项

在拟定与会人员时，行政管理人员必须考虑以下事项：

（1）与会者是否对会议所要实现的目标负有主要或直接责任。

（2）与会者在中心议题方面是否具备专门的知识与经验，是否能有助于议题的深化。

（3）与会者是否与会后的行动直接相关。

（4）与会者是否有能力或权力达成一项决议。

（5）与会者是否多余或可有可无。

（6）与会者是否会妨碍会议总体成效，是否会对他人造成心理压力，影响他人发言的质量。

（7）与会者是否能全身心投入会议。

四、选择会议地点

会议地点的选择会对会议产生一定的影响。因为会议地点的物质条件、环境氛围以及距日常工作场所的远近，都会在无形中影响到与会者的情绪，甚至影响到会议的成效。所以，行政管理人员在选择会议地点时应考虑以下条件：

（1）会址必须考虑距离上的远近及方便，以便于与会者按时到会。

（2）会场内外必须保持安静，要有良好的通风和照明设施，以及室温调控装置，以便与会者能够长时间保持清醒的头脑，集中精力参与会议。

（3）会场的空间必须适宜，平均每个与会者拥有 2 平方米为宜。空间过大，冷冷清清，会议气氛会受到影响；空间过小，容易产生拥挤沉闷感，会议效果也会受到影响。

（3）外出住宿开会必须考虑通信联系的方便，考虑费用支出，考虑饮食起居的舒适等。

五、及时发放通知

会议决定召开，行政管理人员就应及早发会议通知单。通知内容包括会议的地点、时间、出席人员、会议内容或议程等，并且指示与会者尽早给予准确的答复，或返还出席会议的回执，以便统计出席者名单。

1. 会议通知拟写内容

行政管理人员在拟写会议通知时，一般采取书面形式，分标题和正文两部分。会议通知的标题内容包括三个要素：召开会议的单位、会议的名称、发文号。会议通知的正文应具备五个要素：名单、会期、开始及结束时间、地点、参加会议人员范围。

2. 会议通知拟写要求

行政管理人员在拟写会议通知时还必须做到以下几点：

（1）要注意文字明白、清楚，力求不产生歧义。

（2）要全面、周到，没有漏项。

××厂关于召开生产工作会议的通知

所属各单位：

为了总结交流经验，研究分析存在的问题，进一步贯彻落实省、市生产工作会议精神，做好今年的生产工作，经研究决定召开生产工作会议。现将有关事项通知如下：

一、会议内容：……

二、参加人员：……

三、会议时间、地点：……

四、要求：……

××厂

××××年××月××日

对于那些用电话或其他形式发出的会议通知，也要写出书面通知底稿，防止电话通知时遗漏项目。对于参加会议的人员范围、出席对象、职务，都要写清楚，切忌含糊不清。在正式通知之前，可先发预备通知，以便参会人员，特别是担任一定职务工作的人员，提早安排好本部门的工作。

通知的正文下面，要注明联系电话、联系人姓名，有的通知要加盖公章。有的会议已事先发了一些文件，或需要与会人员自备某些资料，应提醒其携带。有的会议需要照片，以便发放证件，这也要提前通知。会议通知的信封应注明是“会议通知”，并要注明送到日期，这样可以作为急件及时递送和通知，避免误时误事。重要会议的会议通知发出后，还应跟踪落实，电话联系参加会议人员，检查通知是否已收到，了解对方能否出席会议，特别是会议中的关键人物。

六、安排会议时间

行政管理人员作为会议的筹划者，是会议成败的关键。在选择会议时间时，不仅要考虑到自己的工作时间，还应该考虑到与会者的时间安排，倘若与会者的作息时间与会议时间有所冲突，就会造成不利影响。所以，行政管理人员在进行会议时间的选择时应注意以下问题：

（1）会前应做调查，把握全体与会者方便开会的时间段。任意安排一个时间开会，可能会打乱一些与会者的日程安排。

（2）选择与会者中关键人物的最佳时间开会，确保关键人物集中精力开好会议。

（3）恰当安排会议时间，避免与企业最重要的经营活动冲突，避免会议打乱企业工作的正常运行程序；同时保证生产经营活动中的关键人物能有充足的时间做出安排，不至于因出席会议而影响企业效益或工作效率。

（4）应该注意把握开会的时机。时效性很强的会议，要尽早安排；需要酝酿和深思熟虑的会议，可以延后召开。

（5）把握好会议的时间，力求开短会，在很短的时间内集中精力，达到最大效果。议程如果太长，连续开会时间超过半天，就应设法分两个时间段开会。

行政管理人员还应注意会议的起止时间，并进行严格的控制。绝大多数的会议都只列明开始的时间，而无结束的时间。由于一般人能保持注意力集中的时间最长不超过 90 分钟，因此，一次会议的时间以不超过 90 分钟为宜。

七、会务人员分工与监控协调

1. 会务分工

大型的会议会务人员较多，会务工作量及性质各不相同，因此，行政管理人员如果作为会务协调人，就应先制定出一份会务分工总表，按整个会议过程的各个关键行为和工作量细分小组，确定各个小组的负责人，并明确每个小组的职责。各小组根据自己所承担的工作，进一步细分到个人，可制作会务人员分工明细表，这样分工明确了，责任也就明确了，遇到事情就知道该由谁来处理，工作人员会前可按事情分工，会中按地点分工，会后再按事情分工。

2. 监控协调

监控协调非常重要，因而需每天检查、更改会务清单（特别是进展情况一栏），及时准确了解各项工作的进展情况，实时进行调整；同时，督促各项工作按计划完成，避免会务工作因为各种原因而延误。另外一定要对需要各责任人相互配合的工作特别提出，以免一部分工作的拖延耽误整体工作的进展。

八、拟定会议议程

行政管理人员在拟定会议的议程时，应该考虑到包括会议内容、讨论事项、参加会议的人员、各项事宜的时间分配、开会地点及时间等内容。要提出会议中需要讨论的议题清单。若有许多问题要讨论，要尽量按逻辑排列主题，并把类似的议题放在一起，给每一问题分配一个时间限度，这样可以避免发生同一问题重复讨论的现象，以保证会议不会超过规定的时间。

行政管理人员可对草拟的议程进行评论或补充修改后发给参会人员，在会议之前预先分发最后决定的议程，使参会人员事先了解会议及会议中心议题，以便其有所准备和有所考虑。

行政管理人员在拟定会议议程时必须考虑下列要点：

（1）重要的、紧急的议案或事项，必须优先列在整个议事日程的前项，对于不紧要的事项则应排在议程的后端处理。这样做的一个好处是：就算在预定的会议时间内无法将全部议案处理完毕，但起码较紧要的议案已被处理过。

（2）必须合理分配各项议案或事项的时间。必须为重要的事项留出足够的时间，必要时标出各议案的时间安排，以便会议主持者及与会者控制时间。

（3）每次会议议程不必太杂，内容不必太多，以提高会议的效率。必要时可以考虑分两次会议，或分阶段讨论同一个议案。

（4）议程的目的是为了提醒与会者注意，为开好会议早作准备。所以，议程应提前几天交予每一位与会者，也可把会议通知与议程同时通知与会者。

（5）如果会议很重要或很复杂，在时间充足的情况下，可以事先要求与会者做好相关准备，并指定时间提交与会者建议。归纳汇总的意见可以附在成文的议事日程上，送发给全体与会者。

（6）提前送发与议程有关的会议资料，以减少会议讨论的时间。

（7）会议持续两个小时以上的，应考虑在会议中间安排休息时间，并注意在会议结束后，留出一定的社交时间。

九、安排住宿、餐饮、用车

会务中餐饮、住宿和用车涉及的直接费用往往比较大，且跟与会者对会务的满意度直接相关，若考虑不周或安排不当，对整个会务工作造成不良影响。所以对这三项工作，应该做好计划，各方面的细节都要尽量考虑到。

1. 住宿安排

首先应与酒店搞好关系，方便以后工作的开展。与酒店销售部经理搞好关系，在房间等问题上留一定的余地，在客人突然增加或减少的情况下，可与酒店很好地协商解决。另外，如果充分利用了酒店的资源（如酒店司机、小工、酒店服务生、投影仪器等），就可以省下时间去做其他更紧急、更重要的工作。

方法与技巧

有些与会人员不一定参加所有的会议，有可能只参加第一天的会议，或是只参加第二天的会议，所以要及时与酒店核对，每日填好住房结算表，并且纪律一定要严明，如不住宿一定要通知会务组，确认未到会人员是否已向领导请假，以核定参会人员具体的情况，并通知相关会务人员，以调整住房、餐饮等事项。

在预订酒店时应进行实地考察。要询问好房价、空房或会议室的大小，而且一定要亲自去看才能确定是否入住。

在安排住宿的时候，不要忘了事先弄清楚与会者的性别，还有同房间的人员搭配也要考虑，并且做好住宿人员登记表。

如果是大型展览会，客户进出频繁，应做好最新客户名单的跟踪，事前逐个落实实际就餐和住宿的人数。如果与会人员较多，有必要在会议期间确保有专人负责跟踪客户信息，提供最新的客户名单。

2. 餐饮安排

会务组一定要确认菜单，这就需要与餐厅经理加强沟通，确定菜单。每餐的菜谱都仔细过目，并将不合适的菜换掉。在餐前 10 分钟应再与酒店确认餐饮的准备情况。

3. 车辆调度

（1）制定安排清单。

会务车辆调度能否有效、妥善管理关系到整个会务的成败，可以制定清单来准备车辆安排工作。

（2）制定车辆调度规定。

为了使车辆调度工作有条不紊地进行，一定要制定车辆的调度规定，向司机传达严格的纪律，统一由会务组进行车辆的调度，其他人用车必须事前申请，违规者给予处罚。

（3）登记所有车辆信息。

要登记所有车辆的具体信息，并在会务组内传阅。因为会务期间可能随时有人申请用车，接到此类要求，不能马上做出答复的，需要立即在会务车辆用车信息登记表中准确记录好申请人的必要信息。

在此，有一点需要注意，即在调度车辆的时间要与司机确认是否熟悉相关的行车路线，以充分利用车辆资源，提高车辆的使用效率。

十、会场布置

会场的布置装饰是会议工作中一个不可或缺的环节。行政管理人员对会场的布置内容包括以下几个方面：

1. 会议空间布置

因各类会议的性质与人数不同，会场的布置也各不相同，但无论怎样布置，都必须让会议的空间布置便于与会者进出和流动为前提，并使整个会场的格局紧凑和谐。

2. 会议座位布置

每一种座位安排的模式都有优势和劣势。在选择最适合听众的模式的前提，要考虑每种模式可能产生的效果。常见的座位布置形式有阶梯式、椭圆式、L式、U式等，应该根据会议的目的不同，采用不同的座位排列方式。不过，行政管理人员无论安排哪种形式的座位，都应掌握下面的技巧：

（1）在同一工作岗位或有相同意见的人不要安排在一起。同一主张的人，要是聚集在一起的话，可能会使会议的气氛倒向一方，从而破坏讨论的效果，所以应该尽可能将不同背景的人交错地安排。

（2）对于喜欢说话及善于辩论的人，可将他们安排在从主席台位置上难以看到的地方，因为他们喜欢争辩而容易破坏会场气氛。

（3）容易害羞的人则安排在主席台看得最清楚的地方，可让其积极参与讨论。

3. 用品与设施布置

会议用品的安排与设备调配工作，要细致周到，做好登记，便于统一管理。还需注意以下事项：

（1）应先决定是否允许在会场吸烟。倘若允许吸烟，则应准备烟灰缸；倘若不准吸烟，则要在会场中贴示不准吸烟的标志或文字。当与会人数众多时，也可以按实际需要，将座位区分为吸烟区和非吸烟区。

（2）若与会者之间彼此并不熟悉，则应事先考虑是否准备姓名卡片。

（3）准备视听器材。黑板（白板）、幻灯机、投影机与放映机等应该被视为一般会议可借用的基本工具。但要注意的是，幻灯机、投影机与放映机所投射出来的文字或图形，应让全部与会者都能看清楚，而且这些设备应准备就绪以便随时可以启用。

（4）除非是较长的会议（超过1.5小时的会议），否则尽量不要提供茶点，以防与会者分心。

（5）当议程很短且无需做记录时，可考虑采取站立的方式开会。

十一、会前复查

会前复查是会前准备工作的一项重要工作。会议的一切准备工作就绪后，行政管理人员必须做好最后的审核工作，以免出现疏漏。会前检查的重点是会议文件材料的准备、会场布置和安全保卫工作等。大中型重要会议的会前检查还包括警卫部署、票证检验人员的定岗定位、交通指挥及主席台服务人员的就位等。

第二讲　会议期间的组织服务工作

【学 习 重 点】

◇ 掌握会议期间的各种组织服务工作。

◇ 了解会议的流程。

◇ 做好会议的接待、会期服务和总结等工作。

会议期间是行政管理人员工作最繁忙的时候，工作能力也受到严格考验。这时行政管理人员要协助领导做好会议期间的各项组织服务工作，使会议顺利进行。

一、会议签到

签到，是与会人员到会时的第一件事。为准确了解与会人员的出席情况，会议开始时要做好入场签到工作。这项工作一般由会议登记处办理，有时也由办公室人员承担或负责监督。当与会者全部进入会场后，要迅速统计出席、列席和缺席人数，报告大会主持人。

二、客人接待

大中型会议，一般设专门接待员。他们要预先整理好与会者的名字、职务、单位以及住房号码，以便快捷地把他们引入会场，会后及时向他们指示住房去处。小型会议大多由办公室人员担任接待，接待人员的态度如何，关系到会议给人的印象。所以，行政管理人员及其下属人员一定要做好接待工作。具体要求为：

（1）根据客人的重要级别，在征求领导意见的情况下，重要客人的接待工作可以安排得热烈而得体：定做欢迎牌（会场门口）和电子欢迎词（会议现场）；联系拍摄录像，现场拍照等。必要时还要接机，应提前根据各单位发给大会的回执来确定与会人数及与会人员级别、航班、到达时间，并安排好接机车辆。

（2）提前将客人的入场证、房间钥匙、会议须知等分好，并放在信封内。在酒店门口放置明显的指引牌，使客人到达时很快能找到接待台。然后会务人员将信封交给客人，并热情介绍有关情况。

（3）针对索取资料的人员递交的名片信息进行区别对待，不同的人员发不同的资料。

（4）客人的种类较多的情况下，会务人员应针对不同的客人安排其参观、住宿、餐饮、购物、游玩等活动。

三、会务资料管理

当会务资料较多时，资料的管理是会务工作中的难点，不仅要分类清楚，而且每天要清晰地掌握资料库存量，具体操作时可以设计一个表格来清晰明了地列出会务资料的详细情况。

在一些大型展览会上索取资料的人员一般都很多，因此，应做到以下几点：

（1）会前需对每种资料了如指掌，以便针对不同的客户发放不同成套的资料，并与展台总负责人商量发放资料的份数及发放小礼品的原则。

（2）会前应统一确定资料发放的原则。

（3）会前应根据发放原则确定出大致的资料数量，重点展览设备及其他设备的资料应区别准备。

（4）每天清点资料余量。将每天的资料用量清清楚楚地列下来，既可把握资料的发放状况，又可知道每天的用量，以便领导了解资料发放的数量及合理控制。发现缺少，则向总部请求支援。

四、会议保密管理

内部会议一般都要做好保密工作，会议越重要，保密工作也越重要。会议保密工作主要是为了保障会议顺利进行，防止为以后的工作带来麻烦。

做好会议保密工作，应严格执行企业保密规定，严格执行保密纪律，制定一整套的保密措施，会议的文件要准确地划分保密等级，必要时可规定只能在会场内阅读，离开会场时收回；还应注意检查会场上扩录音设备及通信线路，防止泄密。对与会人员，特别是现场服务人员应严格限制，加强保密纪律和保密观念教育。复印机、印刷机等印废的会议文件及底稿，应指定地点存放，妥善保管，在会后或在一定时间内指定专人销毁。

如果所开展的会议是机密会议，比如产品鉴定会的内容属于公司的研发机密，会议的保密工作就显得十分重要。

五、费用管理

1. 制作会务费用接收清单

财务是非常细致的工作，在大型会务中费用发生频繁而且金额很大。所以，行政管理人员需认真对待，并提前做一个会务费用接收清单，每次会务人员报销时，都应填好会务费用接收清单，并请他们写明费用明细清单、粘贴好，再审核清点后，双方在会务费用接收清单上签字确认。

2. 认真核查、清理

（1）每张发票要清对好，并仔细辨认真伪，做到日清日结。

（2）每天一定要清理财务，录入电脑，否则费用累积下来，最后无法说清楚每笔钱的去向。

（3）大笔的费用需经相关人同意才能给予报销或暂借。

六、会议议程跟踪

议程跟踪要保证议程的变动及时通知到每一与会人员，对于无法处理的事项，要及时上报到会议总协调处；随时听取参会人员的意见和问题并分类，该反馈的及时反馈，该转告的及时请示领导及相关人员；记录会议期间的电话、传真，区分信息的轻重缓急，及时处理，保证各类信息的及时传递。

方法与技巧

会议中要随时注意各人员的意向，看他们有何要求，会议临时是否有什么变化，议程是否有必要修改等。

七、编写会议记录与会议简报

会议记录是会议内容和过程的真实凭证，在各种会议上做记录是行政人员最重要的工作之一。

（1）记录的措辞要符合实际、简明扼要，不能有记录人的见解和评论。必要时可使用录音设备先录下，以免记录时有所遗漏。

（2）会议简报是会议期间编印的关于会议进行情况的简要报道，内容包括代表们在讨论中提出的意见、建议和会议决定的事项等。

八、会议的新闻报道

会议或因参加人员多，或因社会影响大，或因研究、讨论的问题很重要，常常为新闻界所关注。

重要会议的新闻报道可视情况采取请记者参加会议、召开新闻发布会、发表新闻公报等方式方法进行报道。会议的报道程度，取决于会议的重要性及开放程度。会议行政部人员应根据会议的纪律、规定和会议主持人的指示。帮助记者搞好新闻报道。

九、会议宣传

会议宣传是公开传达贯彻会议精神的一种方法。它同会议的新闻报道紧密相连、但又不局限于会议的新闻报道。会议宣传的主体是会议的组织者、主持者及与会人员，它通过报纸、电台、广播、文娱节目、宣传画、标语口号等，主动讲解会议的意义、会议决定的重大事项、会议取得的成果，使广大公众了解、理解、支持会议和会议所做出的各项决定、决议。会议宣传可视需要在会前、会中或会后做。

十、会议参观

会议参观有两种情况：一种是把会议参观作为会议的主要内容，以增加与会人员的感性认识。这种参观多在现场会一类的会议上出现，要占会议相当一部分时间。这种参观是会议所必需的。

另一种是会余之暇组织的参观，这种参观多在会期较长的会议上安排，是调节与会人员紧张生活的一种方式。

无论哪一种参观，行政管理人员都应认真组织，选好参观地点和参观内容，调度好必需的车辆。参观人数较多时，还应做好分组编队工作；有些会议参观，还应配备翻译讲解人员。前一种参观，因是会议的一个重要组成部分，更需精心组织。

十一、会议文体活动

会议文体活动的目的是调节与会人员生活，使与会人员有张有弛、劳逸结合，精神愉快，开好会议。会期越长，文体活动应越丰富，以活跃会议气氛。可就近安排观看电影、戏剧、曲艺等，有条件的会议，可以组织专场演出或放映专场电影，还可举办舞会等，以增进与会人员之间的感情。安排的文体活动应尽量同会议的主题结合起来。

十二、突发性事件处理

一个良好的汇报机制，是突发事件能得到及时处理的基础，在会务人员分工时就应考虑到安排人员进行遇到突发性事件的处理，做到人员的及时补位。会务组成员如有必要可每日定时召开例会，由各成员总结当天的工作，这样也许在一些人眼中只当做一个小问题的事件，在有经验的人听来，就可能立刻发现其可能造成的严重后果，从而及早地预防可能发生的事件。一旦意外事件发生，首先要做的就是尽快通知相关责任人，并立刻调动各项内外部资源处理问题，做好会议议程及相关资料的调整，及时通知到与会人员；对于无法处理或会务人员无权做决定的突发事件应及时汇报至会议总协调处。

第三讲　会后管理

【学习重点】

◇ 做好会后的服务管理工作。

◇ 了解会议清理、结算和会后总结工作。

◇ 了解会议文件和其他事物的管理。

会后工作是会议的点睛之笔，也是行政管理人员进行会议管理的主要环节之一。会后工作的重要性不亚于会前准备和会中的服务工作。一次会议即使进行得再顺利，如不能及时做好会后工作，同样不会达到开会的目的和会议应有的效果。会后的处理工作包括以下方面的内容：

一、会场检查

会议结束后，首先要检查会场。实行退场检查制，按设备清单核准会务组携带的仪器是否齐全，相关会议资料有无遗漏。回收剩余的文件、资料、文具、礼品，收存会议用仪器、设备，可以根据会议准备清单的内容检查一遍。

二、会场清理

会议结束后，清除会场留存的各种会议标志。会议期间必须及时清理所有资料，严格遵守保密规定，确保公司机密的安全。对使用完毕的物品进行及时清理并归还相关部门。

三、会务组财务结算

按公司的财务规定，及时处理账务票据，结算会议相关费用。

四、会议效果的调查和总结

会议结束后，会务组成员应进行会议满意度调查，认真分析调查结果，总结会务工作存在的问题和改进建议，撰写会务总结。会务总结应特别指明本次会务工作的关键要素、可资借鉴的地方、各个不尽如人意的环节、改进意见等。通常而言，会务总结的格式大致包括以下部分：

1. 会议简介

会议简介包括会议名称、召开地点、主办单位、参加人员、会议议题、会程安排、召开的背景、会议预期效果等。个人总结着重写本人负责的会务内容。

2. 本次会务工作要点

（1）会务组成员名单。

（2）会务工作安排。

（3）本次会务主要抓的几项工作。

（4）本次会务关键要素（要针对本次会议的特点进行分析和安排）。

（5）本次会务与其他会务工作的不同之处。

（6）本人负责部分工作总结。

3. 会务满意度调查情况

即“会务组织满意度”调查反馈情况、各要素得分统计、评价最好与最差的问题集中点等。

4. 问题分析

参考会务满意度调查结果对整个会议过程进行分析，归纳出本次会务存在的问题、会务组工作的不足之处，以及从此次会议中得到的教训、相关改进意见等。相关问题提交会务组长协调解决。

5. 经验总结

（1）本次会务工作的成功之处。

（2）可以推广或可供他人借鉴的经验。

五、会议文件的收退

会议文件的收退也称会议文件的清退。通常指重要会议的与会人员，在会议结束时，根据规定将会议上发的文件清理并退回会议行政部会务组。此项工作主要在机密程度较高的会议结束时或会议结束后做。

1. 重要会议文件清退原因

（1）文件内容是高度机密的，长久存放在个人手中，可能会遗失和泄密。

（2）会议文件、领导在会议上的即席讲话、与会人员的即席发言不宜扩散。

（3）有些文件属草稿或参考性的，甚至某些与会议的精神、决议不完全相符，泄露出去将影响会议精神的传达贯彻。

2. 会议文件收退工作程序

（1）向会议主席团或主持人汇报发文情况，提出收退文件建议。

（2）待主席团或会议主持人批准建议后，下发收退文件目录，并做必要的解释工作。

（3）会议结束后进行清退，清退要逐份清点、登记，发现丢失的应查清原因，及时向领导报告。

六、会议文件的立卷归档

会议文件的立卷归档，是指会议结束后依据会议文件的内在联系加以整理，归入档案。会议文件的立卷归档是会议结束后的一项重要工作。

1. 会议文件立卷原则

会议文件立卷归档的原则是一会一卷，其目的是便于日后查找利用。

2. 会议文件应立卷内容

对会议所有材料的形成、使用过程，都要加以注意，包括领导决定开会的批示、会议通知、会议名单、会议主要文件的历次修改稿、会议的议题、日程和程序安排、会议的各种文件、各种发言材料、各种记录、简报、快报、会议纪要、会议总结等。凡是印刷下发的文件都要留存一定的份数，对会议主要文件的历次修改稿、会议纪要的修改稿应注意跟踪，会议一结束，马上按立卷要求收集。

3. 会议文件立卷方法

会议文件的立卷方法，应根据会议类型和材料的多少而确定。

会议文件较多的大中型会议文件的立卷方法是，先区别文件类别，然后按问题、时间立卷。同一文件的不同修改稿按修改的时间顺序排列，但要把定稿放在前面。

方法与技巧

工作会议立卷方法，通常是按工作顺序排列：领导关于开会的批示，会议通知，会议议题，会议议程，会议记事表，会议决定事项，会议决定事项所涉及的文件。有些决定事项没有会议文件，应在卷内注明。一次会议决定几个事项，立卷应按决定事项的重要程度排列。

七、其他事务处理

1. 送别与会人员

会务人员要预先登记与会者的返回日期和乘坐的交通工具，代购飞机票或车船票，以便他们在会议结束后及时踏上归程，个别需暂留的，要安排好食宿。

2. 处理遗忘物品

对与会者遗忘的物品，要尽快与失主取得联系，及早送还。若距离遥远，可利用邮包寄送。

3. 寄感谢信

对给予会议帮助的有关人士，要及时寄感谢信表示谢意，措辞要热情诚恳。

4. 打印会议记录

要趁着会议在头脑中仍然清晰的时候打印会议记录。打印前要送会议主持人审查，审查通过后要精心编排，打印时必须准确。

有时还要草拟会议纪要，整理决议案，写汇报材料。

5. 印发纪要和决办通知

为了完整准确地传达贯彻会议精神，使会议决定的事项得到认真落实，日常工作会议之后，一般都应印发会议纪要和会议决定办理事项通知。会议纪要的印发范围，应根据纪要内容确定。绝密级的会议纪要只印发与会领导。一般会议纪要可印发参加会议人员，并视情况加发会议内容、决定涉及的部门。有些保密性强，不需部门知道纪要的全部内容，只需他们知道有关会议决定事项的，则印发会议决定办理事项通知，即决办通知。会议纪要、决办通知都要标明密级，进行编号。

思考与练习

一、术语解释

1. 会议
2. 会议简介

二、选择题

1. 会议按规模可分为（　　）。

A. 群众会议　　B. 领导会议

C. 大型会议　　D. 小型会议

2. 拟定与会人员的方法有（　　）。

A. 固定成员的例会　　B. 担任一定职务的人参加的会议

C. 选举产生　　D. 对与会者有要求

3. 展览会的资料发放，应该做到（　　）。

A. 统一发放原则　　B. 确认发放数量

C. 确认资料余量　　D. 资料效果调查

4. 调查反馈情况，各要素得分统计，评价最好与最差的问题集中点是（　　）。

A. 会议简介　　B. 会议工作要点

C. 会务满意度调查　　D. 经验总结

三、填空题

1. 例行工作会议分为________和________两种。
2. 与会人员到会的第一件事是________。
3. 会议通知内容包括________、________、________、________。

4. 重要会议的与会人员，在会议结束时，根据规定将会议上发的文件清理并退回会议行政部会务组叫________。

四、思考题

1. 会议的类型有哪些？

2. 如何顺利组织好一个完整的会议？

参考答案：

一、术语解释

1. 会议一词有两种含义，一是指有组织、有领导地商议事情的集会，如厂长办公会、职工大会等；二是指一种经常商议并处理重要事务的常设机构或组织，如全国人民代表大会、中国人民政治协商会议等。本书所指的会议是第一种。

2. 会议简介包括会议名称、召开地点、主办单位、参加人员、会议议题、会程安排、召开的背景、会议预期效果等。

二、选择题

1. CD　2. ABCD　3. ABC　4. C

三、填空题

1. 决策会议，交流会议

2. 签到

3. 时间、地点、出度人员、会议内容或议程

4. 会议文件的收退

四、思考题

（略）

第五单元

企业办公自动化

第一讲　办公自动化概述

【学 习 重 点】

◇ 了解办公自动化的含义。

◇ 了解办公自动化的特点。

◇ 掌握办公自动化的作用。

办公自动化是信息革命的产物，也是社会信息化的重要技术保证。办公自动化是信息化社会最重要的标志之一，它将人、计算机和信息三者结合为一个办公体系，构成一个服务于办公业务的人机信息处理系统。通过提高办公效率，使用先进的机器设备和技术，办公人员可以充分利用各种办公信息资源，从而提高办公效率，使办公业务从事务层次进入管理层，甚至辅助决策层，将办公和管理提高到一个全新的水平。

一、办公自动化的含义

早在20世纪40年代，美国的部分企业就开始使用计算机等相关设备来处理办公业务，当时将这种手段称为办公室自动化。随着经济和技术，特别是信息技术的飞速发展，办公自动化早就超出了狭窄的办公室范围，迅速渗透到管理的范畴。人们将其统称为办公自动化（Office Automation，简称OA）。

办公自动化是利用先进的科学技术，不断使人们的一部分办公业务活动物化到人以外的各种现代办公设备中，并由这些设备与办公人员构成服务于某种目的的人机信息处理系统。

办公自动化的含义强调三点：

①利用先进的科学技术和现代办公设备；

②办公人员和办公设备构成的人机信息处理系统；

③提高效率和改进质量是办公自动化的目的。

办公自动化主要面向办公室人员的办公效率和质量，它着重解决人与办公设备的人机接口问题，它是以现代化的办公设备为前提的，是一个由硬件和软件组成的系统。一个较完整的办公自动化系统是人员、办公设备和信息资源三者密切联系的一个整体。

通俗地讲，办公自动化就是利用现代化的设备和技术，全面或部分代替办公人员的业务活动，优质高效地处理办公信息和办公事务。

方法与技巧

办公自动化已将计算机技术、通信技术、科学管理思想和行为科学有机结合在一起，应用于传统的数据处理技术难于处理的数据量庞大的、包括非数值型信息且结构不明确的办公事务上，有效地提高了办公质量和办公效率。

二、办公自动化的特点

办公自动化将现代技术装备，科学管理思想和行为科学有机结合在一起，应用于办公工作以提高办公质量和效率。办公自动化具有以下特点：

（1）办公自动化是当前国际上飞速发展的一门综合多种技术的新型学科。

办公自动化的理论基础是行为科学、管理科学、系统工程学、社会学、人机工程学等，它的技术基础是计算机技术、通信技术、自动化技术等，其中计算机技术、通信技术、系统科学、行为科学是办公自动化的四大支柱或称四大支撑技术。综合起来看，办公自动化是以行为科学为主导，系统科学为理论基础，综合运用计算机技术和通信技术完成各项办公业务。办公自动化不是简单的自动化科学的一个分支，而是一个信息化社会的时代产物，是一门综合的学科技术。

（2）办公自动化是一个人机信息系统。

在办公自动化系统中，“人”是决定因素，是信息加工的设计者、指导者和成果享用者；而“机”是指办公设备，它是办公自动化的必要条件，是信息加工的工具和手段。信息是办公自动化中被加工的对象，办公自动化综合并充分体现了人、机器和信息三者的关系。一个典型的办公自动化系统应包括信息采集、信息加工、信息传递、信息保存四个基本环节。

（3）办公自动化将办公信息实现了一体化处理。

办公系统把基于不同技术的办公设备用联网的方式联成一体，以计算机为主体将各种形式的信息组合在一个系统中，使办公室真正具有综合处理这些信息的功能。

（4）办公自动化的目标十分明确，是为了提高办公效率和质量。

办公自动化是人们产生更高价值信息的一个辅助手段，使办公室用具成为智能的综合性工具。

办公自动化将许多独立的办公职能一体化，并提高自动化程度，从而提高办公效率、方便办公工作，获得更大效益，对信息社会产生积极影响。其主要特点有：

①办公自动化是涉及文秘、行政管理、电子、机械、物理等学科并利用计算机、通信、自动化等技术的一门综合性学科。

②办公自动化是融人、机器、信息资源三者为一体的人机系统。它包括了信息采集、加工、传递和保存四个基本环节。

③办公自动化包括文字、数据、语言、图像等信息的一体处理功能。

④办公自动化能够优质、高效地处理办公信息和事务。

三、办公自动化的作用

办公自动化有以下作用。

1. 建立信息发布的平台

在单位内部建立一个有效的信息发布和交流的场所，例如电子公告、电子论坛、电子刊物，使内部的规章制度、新闻简报、技术交流、公告事项等能够在企业内部员工之间得到广泛的传播，使员工能够及时了解企业的发展动态。

2. 实现工作流程的自动化

变革了单位传统纸质公文办公模式，企业内外部的收发文、呈批件、文件管理、档案管理、报表传递、会议通知等均采用电子起草、传阅、审批、会签、签发、归档等电子化流转方式，提高办公效率，实现无纸化办公。不用拿着各种文件、申请、单据在各部门跑来跑去，等候审批、签字、盖章，而是利用快速而廉价的网络传递手段，发挥信息共享功能来协调单位内各部门的工作，减少工作中的环节。

3. 节省企业的办公费用支出

将传统的纸张填写过程电子化，尤其是长途电话、传真、复印、打印和办公用纸费用，真正实现无纸化办公，是企业实现管理现代化的标志。

4. 实现分布式办公

变革了传统的集中办公室的办公方式，扩大了办公区域，可在家中、城市各地甚至世界各个角落通过网络随时办公，大大方便了员工出差在外的办公与信息交流。

5. 辅助办公

它涉及的内容比较多，像会议管理、车辆管理、办公用品管理、图书管理等与日常事务性的办公工作相结合的各种辅助办公，实现了这些辅助办公的自动化。

6. 增强领导监控能力

强化领导的监控管理，增强管理层对组织的控制力，及时有效监控各部门、各个人员的工作进度情况；实时、全面掌控各部门的工作办理状态，及时发现问题及时解决，从而减少差错、防止低效办公。

办公自动化应该作为企事业单位除了生产控制之外的信息处理与管理的集合，对于单位的领导来说，办公自动化是决策支持系统，能够为领导提供决策参考和依据。对于中层管理者办公自动化是信息管理系统，而对于普通管理者，办公自动化又是事务/业务处理系统。办公自动化能够为企业的管理人员提供良好的办公手段和环境，使之准确、高效、愉快地工作。

第二讲　办公自动化设备

【学 习 重 点】

◇ 了解办公自动化的设备。

◇ 了解设备的特点。

企业办公自动化设备有以下几种：

一、微机

微机又称微型计算机，是办公自动化的核心设备，可以说没有微机就没有办公自动化。

一个完整的微型计算机系统是由计算机硬件系统（简称硬件）和计算机软件系统（简称软件）组成，硬件是微机的物质基础，而各种软件则提供了微机操作与应用的技术，硬件必须在软件的支持下才能发挥微机系统的作用。

微型计算机的结构组成见图 8—1。

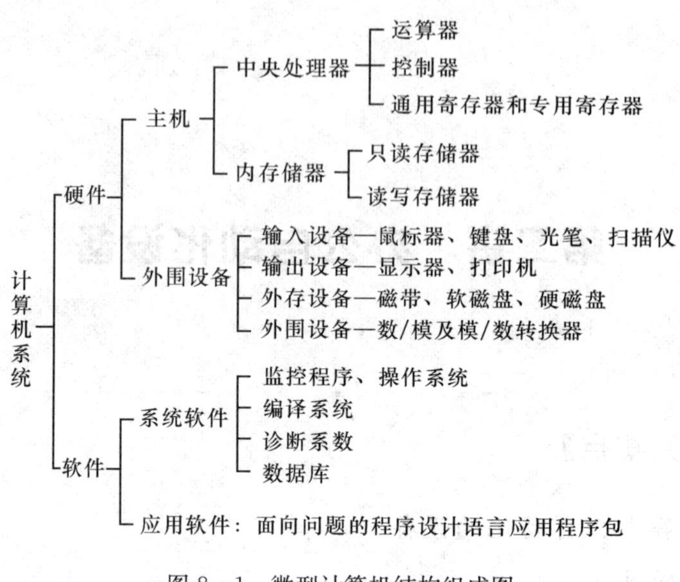

图 8—1　微型计算机结构组成图

二、复印机

复印机是办公现代化不可缺少的一种主要设备，它大大提高了工作效率，给各行各业带来了许多方便，特别是在信息时代，要处理数量日益庞大的各种文件、资料，使得复印机成为办公室自动化的重要设备之一。复印机就是将原稿上的图文，甚至将纸张底色深浅及其他痕迹比较准确、完整地再现，它作为一种科学的复制手段，在收集、存储、传播科技成果和信息资料及转达文件、通告等方面都显出了准确、方便、迅速的优越性，对办公室工作起着举足轻重的作用。

三、传真机

传真机是一种将文字、图形作为图像信息直接通过线路进行传输的装置。由传真机终端及连接传真终端的线路构成。所谓传真通信服务，通常指常用的专用线、电话网、传真文件、国际公共数据传送服务等。

传真机不仅可以传送文字、数据、图表，还可在收信端获得签名、手迹等，在高速运转的信息社会中，传真机是办公自动化系统又一重要设备，它大大提高了办公自动化的效率。

四、打印机

打印机是计算机重要的输出设备，能简便、直接地获得硬拷贝，可以将文本或计算结果直接输出。计算机是办公室的核心设备，而通过计算机输入、编辑、排版过的办公稿最终要通过打印机打印输出形成正式的书面办公文件，所以打印机在办公自动化系统中也是必不可少的。而且随着计算机的发展和用户的需要，打印机朝着高速、低噪声、高印刷质量、彩色输出的方向发展，其品种会越来越多，性能越来越高，价格越来越便宜。

五、缩微复制设备

随着社会的不断发展，信息不断急剧增长，办公室的文件、资料和图表的数量急剧增加，存放管理和检索查阅的困难迫切需要新的技术和手段对其进行处理，而近几年发展起来的缩微处理技术可用来解决这一问题，它可以对非真迹文字资料进行大容量的存储，缩微复制技术目前有缩微摄影技术和全息超缩微技术。

六、网络设备

网络技术是在微控电子技术、计算机技术和通信技术的迅猛发展的基础上发展起来的一门新技术，随着社会信息的激烈增长，要求更有效地传递信息、处理和管理信息，而能满足这种需要的手段只能由计算机网络来实现。

七、多媒体设备

现代社会是一个信息社会，而信息又是多方面的，包括文字的、声音的、图像的、动画的和视频的。多媒体技术能把文字、声音及动画视频集成在一起，用户利用多媒体设备不仅可以进行原有的计算机事务处理工作，而且可以很方便地获取声音、图像、动画和视频信息，欣赏音乐，观看电影、电视等，另外还可以和全世界网络相连接，实时共享高质量图像、声音和视频信息，这进一步扩大了人们的信息量，为办公自动化带来更广阔的前景。

方法与技巧

多媒体产品除了有规定配置的普通微机以外，还必须有多媒体套件，这些套件中最基本的有声卡、视频卡、光盘驱动器、光盘及节目盘等。

【实用案例】 ××公司网络使用管理规定

一、目的

公司网络资源是公司投资用于工作的，无论何时，不能用于与工作无关的行为。为规范公司网络的管理，确保网络资源高效安全地用于工作，特制定本规定。

二、范围

本规定涉及范围包括公司各办公地点的局域网、办公地点之间的广域网连接、公司各片区和办事处广域网、移动网络接入、Internet 出口以及网络上提供的各类服务如 Internet 电子邮件、代理服务、Notes 办公平台等。

三、主管部门

管理工程部作为公司网络的规划、设计、建设和管理部门，有权对公司网络运行情况进行监管和控制。知识产权处有权对公司网络上的信息进行检查和备案。任何引入与发出的邮件，可备份审查。

四、管理规定

1. 无论何时，任何人不允许在网络上从事与工作无关的行为，违反者将受到处罚。也决不允许任何与工作无关的信息出现在网络上，如出现要追查责任。

2. 公司网络结构由管理工程部统一规划建设与管理维护，任何部门和个人不得私自更改网络结构，办公室需安装 HUB 等情况必须事先与网络管理员取得联系。个人电脑及实验环境设备等所用IP地址必须按所在地点网络管理员指定的方式设置，不可擅自改动，擅自改动者将受到处分。

3. 严禁任何人以任何手段，蓄意破坏公司网络的正常运行，蓄意窃取公司网上的保密信息。

4. 公司网上服务如DNS、DHCP、WINS等由管理工程部统一规划，任何部门和个人不得在网上擅自设置该类服务。

5. 为确保广域网的正常运行，禁止通过各种方式，包括利用邮件、FTP、Win2000共享等在广域网中传送超大文件。

6. 严禁任何部门和个人在网上私自设立BBS、NEWS、个人主页、WWW站点、FTP站点及各种文件服务器，严禁在公司网络上玩任何形式的网络游戏，下载图片、音乐等各种与工作无关的内容。违反者将受到处分。

7. 任何部门和个人应高度重视保护公司技术秘密和商业秘密，对于需要上网的各类保密信息必须保证有严密的授权控制。

8. 公司禁止任何个人私自订阅电子杂志，因工作需要的电子杂志，经审批后由图书馆集中订阅和管理。

五、处罚规则

1. 对于蓄意破坏网络正常运行，蓄意窃取网上秘密信息的个人，作辞退处理，并依法追究法律责任。

2. 对于在公司网上散布淫秽的、破坏社会秩序和宣传政治性评论内容的个人，作辞退处理，情节严重者将移交司法机关处理。

3. 对于私自设立BBS、NEWS、个人主页、WWW站点、FTP站点等各种形式网络服务的责任人，或玩网络游戏的个人，第一次降薪一级，第二次调岗，第三次辞退。

4. 对各种工作用文件服务器的申请，需经大系统主管审核，由管理工程部批准后方可设立，否则处以降薪一级的处罚。

5. 对于在网上设立各种形式的网络游戏服务的责任人，处以降薪一级直至辞退处理。

6. 对于由于管理不善引起公司秘密泄露的责任人，处以罚款、降薪、降职等处理。

7. 对于私自更改网络结构，私自设置DNS、WINS等服务的责任人，处以罚款、降薪等处罚。

8. 任何员工发送与工作无关的电子邮件，一次降薪或罚款，二次调岗，以致辞退，有意接收与工作无关的邮件，每次罚处100～1 000元。

9. 任何员工无论上、下班时间，不得通过网络查阅工作无关的内容，例如新闻、一般性的业务学习，否则一次降薪一级。因工作需要的通过图书馆的网络查阅。

10. 对于其他任何利用网络资源从事与工作无关的行为，将对其处以罚款、降薪等处理。

11. 任何部门未经许可不得在网上挂任何应用系统。

12. 本规定自××××年××月××日起生效。从现在起至××××年××月××日为整改时间。

第三讲　办公自动化设备的使用

【学 习 重 点】

◇ 了解办公自动化设备的使用。

◇ 掌握主要的办公设备的维修与保养。

一、计算机的使用

计算机是一种精密的设备，使用保养不当，轻者影响正常运作，缩短使用寿命，重则损伤机器，丢失重要数据。

1. 维持合适的工作温度

计算机的最佳工作温度 18～25℃，过冷或过热都会引起元器件性能参数的变化，从而造成整个系统运行不稳，甚至瘫痪，尤其是在炎热的夏天，要采取必要的散热措施。应该避免计算机长时间持续运作，一般来说，工作两三个小时就应该休息一会儿。

2. 维持合适的工作湿度

计算机工作适宜的相对湿度为 35％～60％，过分潮湿会使机器的表面结露，元器件的接线脚生锈，过分干燥则容易产生静电，冲毁机内信息，或者烧坏芯片。

3. 做好防尘与清洁工作

灰尘是计算机的又一大敌，积累在电路板上的灰尘会引起短路或断路，引发故障。机器不用时，应用干净的罩子罩起来，有条件的话，可将电脑放在人员走动不多，浮尘较小的房间，房间内应有劝阻吸烟标志，因为烟雾也是一种灰尘。用柔软的毛刷轻刷机器和键盘内的灰尘。

4. 稳定电压

应避免在电压波动较厉害或附近有较大的电器设备（电钻、电焊机等）工作时使用计算机。可配置一台稳压电源或不间断电源。

5. 避免计算机的不当使用

（1）不要将茶水放在机器上，避免倾倒造成机器短路。

（2）不要让阳光直接照射到机器上，以免机壳老化。

（3）不要在开机的情况下插拔各种电缆，以免烧坏接口。

（4）不要在机器运行程序的情况下匆忙关机。

（5）不要使用来历不明的软件，防止病毒侵入。

（6）发生硬件故障时，应向专业人员求助，切勿自己盲目拆卸以免造成不必要的损失。

【实用案例】 ××企业计算机管理和使用制度

第一条 归口管理单位

1. 微型以上档次的计算机管理单位为企业管理科。

2. 过程控制的计算机（主要指单板机）管理为总经理办。

（以下内容不包括实时控制用单板机）

第二条 管理员职责

1. 负责计算机运用的长远规划。

2. 根据资金的安排，负责机器及外设、备件的计划、采购。

3. 负责软件的开发规划制定，组织开发成果鉴定。

4. 配合教育部门，组织计算机技术培训。

5. 对分散使用的计算机进行不定期的检查。

第三条 硬件使用

1. 各部门使用计算机，需提出上机申请，经批准后按规定机型、外设使用。

2. 上机申请分为：单次上机、每月定时上机、每日定时上机三类。

3. 上机时间较多的部门，可以申请配置机器。

第四条　软件管理

1. 各部门需开发的应用软件，应向企管科提出申请。

2. 应用软件的开发分为自力开发、协作开发、委托开发三类。

3. 企管科负责与外单位在有偿或对等的基础上进行软件交流。

二、传真机的使用

传真机是与电话一起使用的复制机，可通过电话线路将两地的文件进行复制性的传输。它采用经过特殊处理的热敏感光纸，成筒型放入传真机圆槽内，一端穿过感光缝固定好，使用时，先接通电源，将要发的传真文件插入传真机的卷动槽内，然后拨通对方的传真电话号码，听见对方尖厉独特的传真信号，拨动发送钮即会发送过去。如收传真处于自动接收状态，它会随对方的发送信号同步出现对方的传真件。发送完毕或接收完毕，都会有“嘀”声，告知完毕。另外，传真机也兼有复印机功能，操作程序同上，将文件放入卷动槽内，按下“复印”键，即可完成复制工作。

当需要使用传真机往外发送信息，请按照如下流程步骤进行操作：

1. 明确传真号

明确对方的传真号。

2. 核对对方的应答号码

应答号码是一个编名和代号，是电信局分配给用户的专用号码（可查电话号码簿）。

3. 检查内容

检查所要发出的文件内容，核对无误。

4. 拨对方传真号

如果使用的传真机有打字功能，也可采用打字方式拨号。

5. 等待对方的接收信号

拨号后即开始等待对方的回音，如果电话中传来不间断“嘀”的声响，表示对方已确认，可以开始发送文件了。

6. 发送文件

按“发送”按钮确认，发送完毕后，再一次输入自己应答号码和呼叫对方的应答号码，结束发传真全过程。

三、复印机的使用

由于感光材料不同、组织结构不同、性能不同，构成了各种类型的复印机，常见的有：氧化锌复印机、硒静电复印机以及硫化复印机。但在设计原理上，几乎都是通过控制电路的继电器、微动开关、光源、马达等部件将充电、曝光、显影、转印、定影一直到复印品的整个过程，有机地组织成为一个自动化过程。复印的操作流程步骤一般也都是相同的。

1. 复印机的使用流程

（1）放置原稿。

将需复印的原稿一面面向下紧贴在玻璃板上，并根据稿台上的定位标尺，把原稿放在正确的位置上，然后利用复印机的顶盖把原稿压下。

（2）置入复印纸。

复印纸一定要平整，规格尺寸根据原稿的尺寸而定。复印纸在放入供纸盘之前，应使复印纸松散，使纸张互相分开。

（3）开机。

按下“开机”键，接通电源，机内定影器开始加热。

（4）调节定影温度。

当复印纸较厚、室温较低时，可调高定影温度。当复印纸较薄，室温较高时，可调低定影温度。

（5）调好复印数。

根据需要选择复印数或将预印计数旋钮转到所需复印张数的位置上。

（6）复印。

当复印机预热达到温度后，“待机”指示灯灭，“复印”指示灯亮，此时可按“复印”键，开始复印。

(7) 调光圈和色粉量。

根据第一次复印品的反差和墨色浓淡情况，调节复印机的光缝或光圈大小和色粉置的多少。

(8) 特殊文件的复印。

①增大反差法。

在文件处理过程中，往往有许多文件有钢笔、铅笔、圆珠笔的字迹符号。由于红蓝铅笔和硬质铅笔的字迹较浅，复印时可以采用增大复印曝光量的办法来弥补，以增大黑白反差。原稿如已是复制品，也常采用上述办法复印。

②轻压法。

当原稿是书本或立体物时，就需用手轻轻按住，使要复印的一页紧贴玻璃板，否则会影响成像的清晰度，使复印品局部影像模糊。

③用纸衬托法。

当原稿两面都有字，而且又比较薄时，反面的字就会出现在复印品上，这时可在原稿的背面放一张与原稿字迹颜色相同的纸。如原稿两面都是白底黑字时，通常放上一张黑色的纸；原稿两面都是白底蓝字，则放一张蓝色的纸。

④夹纸复印或剪贴复印法。

在复印无法拆开的厚本文件或书籍时，往往会有一条很空的黑痕留在复印件上，甚至还可能印上旁边另一行字。这时要在两页间夹一张厚白纸，遮住暂不印的一页及中缝。

方法与技巧

若仍不能达到要求，也可以采用二次复印，最后剪贴再复印的方法。

⑤减少曝光量法。

在复印彩色图片、照片、选票、会议证以及年代久远的历史档案材料时，字迹或图像与纸张的反差较少，复印后容易发黑，通常可以采用减少曝光量的方法。

⑥部分复印法。

当复印文件原稿超出复印机稿台的范围时，可以将原稿分成若干部分复印，每一部分都多印一些，复印完毕，将重叠部分剪去或遮挡，然后粘好。

⑦多次循环法。

为便于处理和保存文件，需将大幅原稿缩印成小幅复印件时，可以采用多次缩印的方法，直到达到要求为止。

（9）关机。

复印结束后，等最后一张复印品送进接纸盘，按“停机”键。待定影器冷却，即可关掉电源开关。

2. 复印机的保养维修

在使用复印机前，应详细阅读该复印机的说明书，并对该复印机各部件进行认真的检查，弄清楚所使用复印机的型号、功能，各种按钮和指示灯的作用，纸张纸格等。在操作时，应严格按照说明书上的操作程序进行操作，经常进行保养和维护，以保证复印效果和延长使用寿命。对复印机的保养维护流程步骤如下：

（1）防止出现故障。

复印机在运转过程中，如遇意外情况应立即关掉总开关，使盘机停止工作。

（2）保持复印机清洁。

①复印机在复印五千次以后，应进行一次全面的清洁和维修工作。

②每天复印工作完成后，要进行清洁工作。

③每天复印完成后，要用干净的布或脱脂棉轻轻擦去稿台玻璃板上的灰尘和指纹，污物则用脱脂纱布蘸乙醚擦去。

④如果橡皮压板上有污物，可以用脱脂棉蘸清洁剂擦拭干净。

⑤要经常清洁复印机，包括复印机的屏蔽壳和电极丝。

⑥要定期清除吸尘箱粉管内的粉末和盛粉盒中的墨粉。

⑦镜头、反光镜上有灰尘或其他污物，可用气球吹去，若吹不掉，可用镜头纸或用脱脂砂布蘸 3∶1 的酒精乙醚混合液擦拭。

（3）保养好光敏鼓（板）。

①在装配或卸下光敏鼓（板）时，要求轻拿轻放，否则划伤和指纹都会反映到复印品上。

②在安装光敏鼓时，要检查鼓和轴是否同心，防止其表面受损。

③擦洗光敏鼓时可用脱脂棉轻轻擦去粉尘，再用脱脂棉蘸乙醚或丙酮擦拭。

④擦光敏鼓时应朝一个方向，直到棉花上没有黑色为止。

⑤应经常检查清洁刮板或清洁毛刷是否老化、变硬，以免损伤光敏鼓。

（4）保持良好的使用环境。

①复印机不宜在潮湿、通风差、灰尘大及温度高的环境下工作。

②用复印机复印时，最好使用标准复印纸，不要随便使用其他纸张，尤其是过薄或过厚的纸张，以免发生卡纸或损坏机器。

【实用案例】　××公司复印机使用规定

一、复印文件资料要办理登记审批手续，详填复印时间、标题、密级、份数，经办公室主任或核稿人批准签字后送打字室复印，超过 20 份原则上一律送打字室打印。

二、为确保复印机的安全运转，每天下午 3～4 时开机一次；过时送来的文件次日复印，急件经办公室领导批准后，方可临时开机。

三、不得使用复印机复印机密文件和个人材料。复印机密文件需经公司领导批准。

四、复印机由专人保管使用，其他人员非经允许不得自行开机。

五、本规定原则适用于个别部门所属复印机的管理。

思考与练习

一、术语解释

1. 办公自动化

2. 网络技术

二、选择题

1. 计算机工作适宜的相对湿度为（　　）。

A. 5％～10％　　B. 15％～20％

C. 25％～30％　　D. 35％～60％

2.（　　）是一种将文字、图形作为图像信息直接通过线路进行传输的装置。

A. 计算机　　B. 复印机　　C. 传真机　　D. 打印机

3. 普通的复印机有哪些（　　）。

A. 氧化锌复印机　　B. 炭化复印机

C. 硒静电复印机　　D. 硫化复印机

4. 特殊文件复印有哪些方法（　　）。

A. 增大反差法　　B. 轻压法

C. 减少曝光量法　　D. 用纸衬托法

三、填空题

1. 一个较完整的办公自动化系统是________、________和________三者密切联系的一个整体。

2. 传真机是一种将________和________作为图像信息直接通过线路进行传输的装置。由传真机终端及连接传真终端的线路构成。

3. 计算机的最佳工作温度是________。

4. 复印机的镜头、反光镜上有灰尘或其他污物，可用气球吹去，若吹不掉，可用________擦拭。

四、思考题

1. 办公自动化有什么作用?

2. 复印机的使用流程是什么?

参考答案:

一、术语解释

1. 办公自动化是信息化社会最重要的标志之一，它将人、计算机和信息三者结合为一个办公体系，构成一个服务于办公业务的人机信息处理系统。通过提高办公效率，使用先进的机器设备和技术，办公人员可以充分利用各种办公信息资源，从而提高办公效率，使办公业务从事务层次进入管理层，甚至辅助决策层，将办公和管理提高到一个全新的水平。

2. 网络技术是在微控电子技术、计算机技术和通信技术的迅猛发展的基础上发展起来的一门新技术，随着社会信息的激烈增长，要求更有效的信息传递、处理和管理的信息，而能满足这种需要的手段只能由计算机网络来实现。

二、选择题

1. D　2. C　3. ACD　4. ABCD

三、填空题

1. 人员、办公设备和信息资源

2. 文字、图形

3. 18～25℃

4. 镜头纸或用脱脂砂布蘸 3∶1 的酒精乙醚混合液

四、思考题

(略)

第六单元

建设企业文化

第一讲　企业文化概述

【学 习 重 点】

◇ 了解企业文化的含义。

◇ 掌握企业文化的内容。

◇ 掌握企业文化的功能和形成。

一、企业文化的含义

企业文化是企业在生产经营实践中逐步形成的，为全体员工所认同并遵守的，带有本组织特点的使命、愿景、宗旨、精神、价值观和经营理念，以及这些理念在生产经营实践、管理制度、员工行为方式与企业对外形象的体现的总和。

理解企业文化需要注意以下几个方面：第一，文化总是相对于一定时间段而言。我们所指的企业文化通常是现阶段的文化。第二，只有达成共识的要素才能称为文化。企业新提出的东西，如果还没有达成共识，就不能称之为文化，只能说是将来有可能成为文化的文化种子。企业文化代表企业共同的价值判断和价值取向，即多数员工的共识。第三，文化总是相对于一定范围而言。企业文化通常是企业员工所普遍认同的部分，如果只是企业领导层认同，那么它只能称为领导文化；如果只是企业中某个部门中的员工普遍认同，那么它只能称为该部门的文化。第四，文化必定具有内在性。企业所倡导的理念和行为方式一旦达成普遍的共识，成为企业的文化，则这些理念和行为方式必将得到广大员工的自觉遵循。

方法与技巧

企业文化是企业的灵魂，是推动企业发展的动力。企业文化的核心是企业的精神和价值观。这里的价值观不是泛指企业管理中的各种文化现象，而是企业或企业中的员工在从事商品生产与经营中所持有的价值观念。

1. 企业文化产生的原因

企业文化的产生有以下几个原因：

（1）生产力的发展，企业的日常管理规则也发生了一些变化，劳动工具的变化要求思想观念的更新。

（2）劳动中人的智力因素比例增加，脑力劳动者人数相对增长，相应的，企业管理者也不能再把这些高素质的员工视作机器人，而是要给员工以感情尊重、理智尊重。

（3）随着生产力的发展，人的需要满足层次攀高，企业必须适应这一新情况，从而制定出适合现代人的管理方法，这一点与“社会人”在管理界的提出有相同的现实基础。

方法与技巧

企业精神通常用一些既富于哲理，又简洁明快的语言予以表达，便于职工铭记在心，时刻用于激励自己；也便于对外宣传，容易在人们脑海里形成印象，从而在社会上形成个性鲜明的企业形象。

（4）社会竞争加剧，企业为了在竞争中取胜，在提高劳动效率的同时，职工的生产积极性与创造性在劳动中显得越来越重要，企业必须提出符合需要的价值观念，如创新、服务、信誉等。

（5）企业规模的扩大以及跨国公司的出现，让成千上万人，甚至是不同国籍、不同民族的人在一个公司工作，需要统一思想、统一观念、统一行为。

2. 企业文化的内容

企业文化的内容是十分广泛的，但其中最主要的应包括以下几点：

（1）企业经营方法。企业经营方法也称企业哲学，是一个企业特有的从事生产经营和管理活动的方法论原则，它是指导企业行为的基础。一个企业在激烈的市场竞争环境中，面临着各种矛盾和多种选择，要求企业有一个科学的方法论来指导，有一套逻辑思维的程序来决定自己的行为。

（2）企业价值观。企业价值观是人们基于某种功利性或道义性的追求而对人们本身的存在、行为和行为结果进行评价的基本观点。价值观不是人们在一时一事上的体现，而是在长期实践活动中形成的关于价值的观念体系。企业的价值观，是指企业员工对企业存在的意义、经营目的、经营宗旨的价值评价和为之追求的整体化、个异化的群体意识，是企业全体员工共同的价值准则。有了正确的价值目标才会有奋力追求价值目标的行为，企业才有希望。因此，企业价值观决定着员工行为的取向，关系企业的生死存亡。

（3）企业精神。企业精神是指企业基于自身特定的性质、任务、宗旨、时代要求和发展方向，经过精心培养而形成的企业成员群体的精神风貌。企业精神要通过企业全体员工有意识的实践活动体现出来。因此，它又是企业员工观念意识和进取心理的外化。

企业精神是企业文化的核心，在整个企业文化中起着支配的地位。企业精神以价值观念为基础，以价值目标为动力，对企业经营哲学、管理制度、道德风尚、团体意识和企业形象起着决定性的作用。

（4）企业道德。企业道德是指调整本企业与其他企业之间、企业与客户之间、企业内部员工之间关系的行为规范的总和。企业道德与法律规范和制度规范不同，不具有那样的强制性和约束力，但具有积极的示范效应和强烈的感染力，被人们认可和接受后具有自我约束的力量。因此，它具有更广泛的适应性，是约束企业和员工行为的重要手段。

（5）团队精神。团队精神是指组织成员的集体观念。团队精神是企业内部凝聚力形成的重要心理因素。企业团队精神的形成使企业的每个员工把自己的工作和行为都看成是实现企业目标的一个组成部分，使他们对自己作为企业的成员而感到自豪，对企业的成就产生荣誉感，从而把企业看成是自己利益的共同体和归属。因此，他们就会为实现企业的目标而努力奋斗，自觉地克服与实现企业目标不一致的行为。

（6）企业形象。企业形象是企业通过外部特征和经营实力表现出来的，被公众所认同的企业总体印象。由外部特征表现出来的企业的形象称为表层形象，如招牌、门面、徽标、广告、商标、服饰、营业环境等，这些都给人以直观的感觉，容易形成印象；通过经营实力表现出来的形象称为深层形象，它是企业内部要素的集中体现，如人员素质、生产经营能力、管理水平、资本实力、产品质量等。

（7）企业制度。企业制度是在生产经营实践活动中所形成的，对人的行为带有强制性，并能保障一定权利的各种规定。从企业文化的层次结构看，企业制度属中间层次，它是精神文化的表现形式，是物质文化实现的保证。企业制度作为员工行为规范的模式，使个人的活动得以合理进行，内外人际关系得以协调，员工的共同利益受到保护，从而使企业有序地组织起来为实现企业目标而努力。

二、企业文化的功能

建立企业文化是利用企业文化为企业的生存与发展发挥作用。企业文化具有以下功能：

1. 企业文化具有导向功能

所谓导向功能就是通过它对企业的领导者和员工起引导作用。企业文化的导向功能主要体现在以下两个方面：

（1）经营方法和价值观的指导。

经营方法决定了企业经营的思维方式和处理问题的法则，这些方式和法则指导管理者进行正确的决策，指导员工采用科学的方法从事生产经营活动。企业共同的价值观念规定了企业的价值取向，使员工对事物的评判达成共识，有着共同的价值目标，企业的领导和员工为着他们所认定的价值目标去行动。

（2）企业目标的指引。

企业目标代表着企业发展的方向，没有正确的目标就等于迷失了方向。完美的企业文化会从实际出发，以科学的态度去制定企业的发展目标，这种目标一定具有可行性和科学性。企业员工就是在这一目标的指导下从事生产经营活动。

2. 企业文化的约束功能

企业文化的约束功能主要是通过完善管理制度和道德规范来实现。

（1）规章制度的约束。

企业制度是企业文化的内容之一。企业制度是企业内部的法规，企业的领导者和企业员工必须遵守和执行，从而形成约束力。

（2）道德规范的约束。

道德规范是从伦理关系的角度来约束企业领导者和员工的行为。如果人们违背了道德规范的要求，就会受到舆论的谴责，心理上会感到内疚。

3. 企业文化的凝聚功能

企业文化以人为本，尊重人的感情，从而在企业中造成一种团结友爱、相互信任的和睦气氛，强化团体意识，使企业员工之间形成强大的凝聚力和向心力。共同的价值观念形成了共同的目标和理想，员工把企业看成是一个命运共同体，把自己的工作看成是实现共同目标的重要组成部分，整个企业步调一致，形成统一的整体。

4. 企业文化的激励功能

共同的价值观念使每个员工都感到自己存在和行为的价值，在以人为本的企业文化氛围中，领导与员工、员工与员工之间互相关心，互相支持。企业精神和企业形象对企业员工有着极大的鼓舞作用，特别是企业文化建设取得成功，在社会上产生影响时，企业员工会产生强烈的荣誉感和自豪感，他们会加倍努力，用自己的实际行动去维护企业的荣誉和形象。

5. 调适功能

调适就是调整和适应。企业各部门之间、员工之间，由于各种原因难免会产生一些矛盾，解决这些矛盾需要各自进行自我调节。企业哲学和企业道德规范使经营者和普通员工能科学地处理这些矛盾，自觉地约束自己。完美的企业形象就是进行这些调节的结果。调适功能实际也是企业能动作用的一种表现。

三、企业文化的形成

企业文化通常是在一定的生产经营环境中，为适应企业生存发展的需要，经过不断的发展和实践，经过较长时间的传播和规范管理而逐步形成的。

1. 企业文化是根据在一定环境中企业生存发展的需要形成的

企业文化的核心价值观就是在企业图生存、求发展的环境中形成的。企业作为社会有机体，要生存、发展，但是客观条件又存在某些制约和困难，为了适应和改变客观环境，就必然产生相应的价值观和行为模式。同时，也只有反映企业生存发展需要的文化，才能被多数员工所接受，才有强大的生命力。

2. 企业文化发端于少数人的倡导与示范

文化是人们意识的能动产物，不是客观环境的消极反映。在客观上出现对某种文化需要往往交织在各种相互矛盾的利益之中，羁绊于根深蒂固的传统习俗之内，因而一开始总是只有少数人首先觉悟，他们提出反映客观需要的文化主张，倡导改变旧的观念及行为方式，成为企业文化的先驱者。正是由于少数领袖人物和先进分子的示范，启发和带动了企业的其他人，形成了企业新的文化模式。

3. 企业文化是坚持宣传、不断实践和规范管理的结果

企业文化实质上是一个以新的思想观念及行为方式战胜旧的思想观念及行为方式的过程，因此，新的思想观念必须经过广泛宣传、反复灌输才能逐步被员工所接受。

企业文化一般都要经历一个逐步完善、定型和深化的过程。一种新的思想观念需要不断实践，在长期实践中，通过吸收集体的智慧，不断补充、修正，

逐步趋向明确和完善。文化的自然演进是相当缓慢的，因此，企业文化一般都是规范管理的结果。

【实用案例】 五大流行的企业文化

现代中外许多成功企业的经营之道为现代企业提供了值得借鉴的宝贵经验。

1. 民生文化

民生公司发展之所以如此迅速，和创始人卢作孚的经营成功有着极大关系。在卢作孚的长期经营实践中，一个突出的特点便是十分注重文化意识在经营管理中的作用。例如，他极为注意强化企业对职工的凝聚力，鼓励企业和职工的双向参与。他曾提出一个著名的口号：公司问题，职工来解决；职工问题，公司来解决。他把这一口号印在轮船的床单和茶杯上，逐步培养职工树立一种和公司同生存、共荣辱的集体意识，在企业发展中起到了良好的作用。

2. 松下文化

松下公司在几十年的经营生涯中形成了独特的企业文化，制定了七大精神："产业报国、光明正大、和亲一致、奋斗向上、礼节谦虚、顺应同比、感谢报恩"，充分表现了松下那种谦和、执著、一以贯之的朴实风格。

3. 大庆文化

以"铁人"王进喜为代表的大庆油田工人，把"艰苦创业"作为座右铭，坚持"有条件上，没有条件创造条件也要上"的创业精神。大庆人艰苦创业、三老四严的精神，化作了中国工人阶级自力更生、艰苦创业的强大力量。

4. 索尼文化

索尼的企业哲学其中突出的一点就是十分重视人的因素和民主作风，特别看重中层管理人员的作用，并设法淡化等级观念。该公司领导努力将工厂的车间搞得比工人的家庭更舒服，而把管理人员的办公室尽量布置得朴素些。另外，索尼人始终不满足现状，时时有"饥饿感""紧迫感"伴随，这可谓索尼文化的另一特色。正因如此他们能不断学习世界上比自己先进的东西，经过消化，创造出别人没有的东西，适应了市场，赢得了声誉。

5. IBM 文化

IBM 公司即美国国际商用机器公司，该公司的信条是“IBM 就意味着最佳服务”。因为他们懂得，优质服务是顾客最需要的。这不能不说是 IBM 公司多年来一直取得成功的一个奥秘。

第二讲　企业文化建设

【学 习 重 点】

◇ 了解企业文化建设原则。

◇ 掌握企业文化建设程序。

◇ 熟悉企业文化建设方法。

一、企业文化建设的原则

建设良好的企业文化要遵循以下原则：

1. 企业文化建设要与企业战略管理相结合

企业文化必须与企业战略相适应。加强企业文化建设，首先必须有一个明确的企业发展战略。只有将文化建设与战略管理紧密结合，企业文化建设才能有不竭的动力和明确的方向。

2. 企业文化建设要体现企业特点

企业文化是企业基本特点的体现，是一个企业独特的精神和风格的具体反映，并以其鲜明的个性区别于其他企业，形成自己的具体特点。每个企业应根据本企业的具体情况，因地制宜地建设适合自己需要的、具有行业特点和自身特色的企业文化。

3. 企业文化建设与形象管理相互促进

企业文化是企业形象的内在根基，企业形象是企业文化的外在表现。企业形象是企业内外对企业的整体感觉、印象和认知，是企业状况的综合反映。因此，企业应将文化建设和形象管理有机地结合起来。

4. 共识原则

共识是企业文化的本质，企业文化建设强调共识原则，是由企业文化的本质所决定的。人是文化的创造者，每个人都有独立的思想和价值观，都有自己的行为方式。如果在一个企业中，任由每个人按自己的意志和方式行事，企业就可能成为一盘散沙，无法形成整体合力。只有从多样的群体及个人价值观中抽象出一些基本信念，然后再由企业在全体成员中强化这种信念，进而达成共识，才能使企业产生凝聚力。

贯彻共识原则，还需要逐渐摒弃权力主义的管理文化，建立参与型的管理文化。权力主义的管理文化过分强调行政权威的作用，动辄用命令、计划、制度等手段对人们的行为实行硬性约束，在决策与管理中，往往用长官意志代替一切，这样做肯定不利于共识文化的生长。因此，打破权力至上的观念，实行必要的分权体制和授权机制，是充分体现群体意识、促使共识文化形成的重要途径。

二、企业文化建设的程序

企业文化建设的程序包括：

1. 评估需求

不同的企业需要建设不同的文化。服务业为了防止员工与顾客产生摩擦就要建设“顾客永远是对的”的企业文化。软件公司为了提高竞争力就要建设“创新第一”的企业文化。不同的企业需要的企业文化是不同的，但又不是完全不相同，有些价值观念是所有企业共同需要的，这些价值观念有“节约成本”“工作主动”“勇于承受批评”“反对攀比”“服从命令”“尊重领导”“提高效率”“敬业精神”等，这些都是企业文化的共性要求。

每一个企业需要少数几个核心价值观念，这些核心价值观念下面又包含若干子价值观念，这样才形成了一个企业文化体系，不成体系的企业文化效果是不大的。

2. 编写学习材料

编写学习材料是企业文化建设的一个重要环节，比如中国共产党的七大整风，以及历次思想整顿运动都是以先准备学习材料开始的。应在总价值观下对每一个子价值观都组织编写学习材料，这些学习材料应做到以下几点：

（1）短小简明，一目了然。

（2）逻辑清晰，论证有力。

（3）文笔通畅，通俗易懂，组织学习材料的另一个重要内容是组织口号。

3. 企业文化建设机构

企业文化的建设机构应是人力资源部，也有的企业专门组织企业文化建设委员会，主抓企业文化工作。另外，应有一套固定讲师班子，这些固定讲师可由领导兼任，如果企业规模很大，应提前规划各个阶段的宣讲内容，并把宣讲内容下发给各宣讲师，以便使整个企业的思想建设步调一致。宣讲师按公司的统一布置进行宣讲。

方法与技巧

宣讲师的队伍最好有部分外聘人员或上级领导，这样会提高宣讲的客观性，使宣讲的效果更好。

4. 硬件建设

企业文化的硬件建设如公司的装饰、员工服装，企业的主色调应与企业文化匹配起来，包括标语的张贴等。

5. 动员工作

大规模推行企业文化建设前，要做好思想动员工作，要让员工知道企业文化建设的重要性和必要性，应强调这是许多企业成功的经验。否则突然进行思想学习、喊口号，员工会觉得“十分可笑”，效果也不会好。

6. 逐步展开企业文化建设

逐步使用本书本章有关企业文化建设手段，推进企业文化建设，特别忌讳搞一步到位式的思想改造，如果这样做，效果通常很差。

三、企业文化建设的方法

1. 早会

所谓早会就是在每天上班前用若干时间宣讲公司的价值观念。早会应注意以下几条：

（1）事先应充分准备好宣讲材料。

比如，假定要建立“节约成本”的企业文化，那么围绕着“什么是节约成本的文化”“为什么要节约成本”“如何节约成本”准备好详细的宣讲材料。宣讲材料要有理有据，有充分的说服力。

（2）一个宣讲主题应多次重复宣讲。

一个主题宣讲1～2周，反复重复，每天宣讲同一主题，但应用不同的方式宣讲同一内容，以免听众感到枯燥。重复是提高内化程度最重要的方法。

（3）早会主要是思想建设，而不能主要是布置任务。

有的公司开早会主要是布置当天的工作任务，这当然也不是错误，但这不属于企业文化建设。企业文化建设是思想观念建设。

（4）早会应有严肃的气氛。

早会的气氛应严肃，大多数以早会方式建设员工思想的公司用站立的方式进行，一般早会结束时高呼口号，口号一般反应该公司的核心价值观。喊口号可振奋精神，提高人的兴奋度，对提高工作效率是有利的。

（5）同一主题应周期性反复。

比如用一周早会的时间建立成本观念，过了几个月后，还可以用一周重复同样的主题，再过几个月又要再次重复。重复是企业文化建设最重要的原则。

（6）早会的时间宜控制在一刻钟左右。

调查显示早会时间太短则效果不明，早会时间太长则容易使受众疲劳，产生逆反心理，一刻钟左右的时间是比较合适的。

（7）早会的主持者应多样化。

推行早会制的公司在开始阶段每天应由主要领导者主持，以定下主要的宣传调子，以后可以安排员工主持，但要防止员工主持早会走题，或宣传与公司价值观念相反的事。

（8）早会应全公司全体进行。

如公司规模小，可集中进行，如公司规模大，可以分部门进行，每一部分设立宣讲师，在宣讲前都应发下宣讲材料。

（9）早会频率问题。

最好是每天早会，如业务太忙也可以每周抽若干天早会。

（10）早会宣讲的内容应成体系。

早会宣讲内容应在总价值观念的体系下成系统地宣讲。

比如，某公司的总价值观是“创新无限，服务人类”，子价值观有“学习重要性”“工作主动性”“节约成本”“顾客至上”“在变化中求新”“要成功就必然会有错误”“永无止境的工作合理化”等。

早会是建设企业文化最重要的方法，松下曾说过：没有社训的公司是没有灵魂的公司。

2. 思想小结

思想小结是定期让员工按照企业文化的内容对照自己的行为，自我评判是否达到了企业的要求，又如何改进。思想小结是一个很有效的方法，这是一个自我反省的过程，可以促使员工认真思考自己的优缺点。从而达到优化行为的效果。

思想小结上交后，应由领导给予评论并反馈给员工。这个反馈的过程是很重要的，缺少了这个反馈，效果就大大下降。

思想小结的频率可高可低，一般是一月一次，也可一周一次，结合早会学习内容写小结。如一年一次则频率太低了，失去了调整行为的良机，因为也许错误已经延续了很长的时间。

对于思想小结真实诚恳的员工应公开表扬，对文过饰非的思想小结应公开宣读并不点名批评，以逐步把员工的行为调控到认真总结其行为的轨道上来。

3. 张贴宣传企业文化的标语

把企业文化的核心观念写成标语，张贴于企业的显著位置。张贴企业文化宣传标语应注意以下几点：

（1）标语应贴于人流较多的地方。一般而言，食堂、医务室、会议室、公司内交通要道、宣传栏等都是首先考虑的地方。公司大门口也常是贴核心价值观标语的地方。

（2）标语制作应美观大方。美观的标语易于形成愉悦的心情，易于使人接受，颜色宜选绿色、蓝色、黄色等颜色为好，白底黑字的标语视觉效果不好，不宜提倡。

（3）标语内容要重复。应在不同的地方出现同一内容的标语，但其颜色最好不一样，字体也可以不一样，重复可以提高理念的接受程度。

（4）标语内容应突出重点。标语内容不能太多，应突出重点，如果企业文化的内容全写成标语，难免让人眼花缭乱，印象不深。

（5）标语应定期更新。标语不定期更新，否则标语一旦陈旧，易给人形成一种败落之感，反而起不到振奋人心的作用。

4. 树先进典型

树典型对于企业文化建设的意义有两点：

（1）给员工树立了一种形象化的行为标准和观念标志，通过典型员工可形象具体地明白“何为工作积极”“何为工作主动”“何为敬业精神”“何为成本观念”“何为效率高”，从而提升员工的行为。

（2）上述的这些行为都是很难量化描述的，只有具体形象才可使员工充分理解。

【实用案例】

中国型的企业文化

中国型的企业文化跟日本型、美国型都不同，它更多地受到中国传统文化的影响。更何况中国市场经济运行时间并不长，企业管理还处于不成熟阶段。

因此，中国目前的企业文化状况还很稚嫩。

中国目前企业文化类型：

1. 伦理型企业文化主张德治，重视道德感化，而轻制度。一切行为是看是否符合道德，并不关心是否体现工作能力；管理手段上要求管理者通过道德修养来感化职工。

2. 关系型企业文化强调各种关系的重要，它将人事关系作为一切活动的中心；它敬重人事，而不尊重科学；重视同事关系。以关系融洽为衡量成绩的主要标准。

3. 政治型企业文化的特点：企业行为受到行政干预，企业体制行政化，政企不分。致使企业管理官僚主义严重，机制不灵活，运作缓慢，缺乏独立人格，不能成为独立的商品生产者和经营者。

海尔企业文化

在中国，现在不知道海尔集团和海尔产品的人很少。经过十几年的发展，海尔集团由一个资不抵债的集体小厂跃升为中国家电行业的排头兵。

海尔集团总裁张瑞敏非常重视企业文化在经营中的作用，他吸收《论语》《孙子兵法》《道德经》的传统文化思想，提出独特的代表海尔的企业文化："管理无小事""人人是人才，赛马不相马""日事日毕，日清日新"，独特的海尔文化孕育了卓越的海尔业绩。海尔模式被写入哈佛大学MBA课程，成为中国型企业文化的模本。

张瑞敏说得好："企业的竞争，说到底是文化的竞争，唯有高扬品质高雅的企业文化，才能在市场中立于不败之地。"海尔集团的企业内部经营理念有："用户都是对的""真诚到永远"。海尔的企业精神是"追求卓越，永不满足"，并追求"敬业报国"的信念。

海尔人自豪地宣称："要么不干，要干就要争第一。"这一体现企业文化高层的追求精神，是企业，特别是当前处于中、下游管理水平的企业要好好学习的。"要么不干，要干就要争第一"的内容要从两点来认识，一是一个产品的质量要在同类产品中力争第一；二是表现在一个产品的设计，在市场上要处于领先地位，这主要表现在产品的科技含量上。这方面有一个生动的例子，海尔人前几年曾果断地将合肥无线电二厂兼并，并将海尔数码彩色电视机，放在合肥生产。品牌定为“海尔先行者”的数码电视机在北京一上市，就成为消费者喜爱的品牌，并成为抢手货。实践了海尔集团全体员工豪迈的誓言“要么不干，要干就要争第一”的企业信念。海尔人用海尔企业文化激活了合肥无线电二厂这条休克的鱼，再一次证明了海尔人企业文化的成功和极大的推广价值。

思考与练习

一、术语解释

1. 企业文化

2. 企业文化建设机构

二、选择题

1.（　　）是定期让员工按照企业文化的内容对照自己的行为，自我评判是否做到了企业要求，又如何改进。

A. 早会　　B. 思想小结　　C. 宣传标语　　D. 员工大会

2. 企业文化建设的硬件包括（　　）。

A. 公司装饰　　B. 精神面貌　　C. 员工服装　　D. 宣传画册

3. 美观的标语易于使心情愉悦，易于被人接受，颜色宜选（　　）等颜色为好。

A. 绿色　　B. 蓝色　　C. 白色　　D. 黑色

三、填空题

1. ________是企业的灵魂，是推动企业发展的动力。

2. 企业文化实质上是________的过程，因此，新的思想观念必须经过广泛宣传，反复灌输才能逐步被员工所接受。

3. 早会一个主题宣讲时间为________，反复重复，每天宣讲同一主题，但应用不同的方式宣讲，以免听众感到枯燥。

四、思考题

1. 为什么要建设企业文化？

2. 企业文化怎样建设？

参考答案：

一、术语解释

1. 企业文化是企业在生产经营实践中逐步形成的，为全体员工所认同并遵守的，带有本组织特点的使命、愿景、宗旨、精神、价值观和经营理念，以及这些理念在生产经营实践、管理制度、员工行为方式与企业对外形象的体现的总和。

2. 企业文化的建设机构应是人力资源部，也有的企业专门组织企业文化建设委员会，主抓企业文化工作。另外，应有一套固定讲师班子，这些固定讲师可由领导兼任，如果企业规模很大，应提前规划各个阶段的宣讲内容，并把宣讲内容下发给各宣讲师，以便使整个企业的思想建设步调一致。宣讲师按公司的统一布置进行宣讲。

二、选择题

1. B　2. ACD　3. AB

三、填空题

1. 企业文化

2. 以新的思想观念及行为方式战胜旧的思想观念及行为方式

3. 1～2 周

四、思考题

（略）

第七单元

企业文件管理

第一讲　企业文件

【学习重点】

◇ 掌握文件的处理工作。

◇ 了解企业文件的分类和管理原则。

◇ 了解文件处理的组织形式。

文件，又称文书，主要是指企业经营活动的信息传递与信息保存的载体。在企业行政管理活动中，尤其是对企业行政人员来说，其日常工作中往往需要处理大量的文件，包括公文和往来信函。企业经营活动的顺利进行，有赖于办公室在管理文件方面的效率。因此，如何有效地管理文件，使文件管理规范化，使文件管理的效率提高，需要行政主管充分重视。

一、文件处理工作任务

文件处理工作的任务是具体的、大量的，甚至有时还是无形的。概括起来主要有以下几项：

1. 收文处理

包括对所收公文的登记、拟办、承办和催办等诸环节。

2. 发文处理

包括对所发公文的拟稿、核稿、签发和发放等诸环节。

3. 文件的存档

包括对应立卷文件的材料收集、归卷和立卷等诸环节。

4. 文件的管理

包括对登记、运转和暂存等诸环节上文件的管理，以及构成公文要素之一的机关印章的管理。在文件的管理中，文件人员要重点抓分类，而行政主管则要重点抓制度。完善的制度是使文件管理工作井然有序的保证。

5. 文件的利用

包括企业、领导和各有关人员在公文运转和暂存等诸环节中对公文的利用。其中，既有文件处理人员对公文内容的熟悉程度，又有制度上对利用者的方便程度；有文件处理人员的事业心问题，也有对业务的熟练问题。所以，在提高公文的利用率上最关键性的问题是方便。方便既是有形的，又是无形的，而且贯穿于文件处理工作的各个环节。

6. 完成领导交办的其他文件处理事宜

包括代领导收、转信件，代领导抄写或草拟文稿，为领导收集资料等。

上述任务概括起来，就是收、发、存、管、用五项。其各自的工作重点是，收文处理抓催办，发文处理抓把关，文件存档抓平时归卷，文件管理抓分类，文件利用抓方便。五项任务总的重点是文件利用，它体现着行文的最终目的，并贯穿于其他各项任务之中。

二、企业文件分类

1. 经营基本文件

经营基本文件的类别与内容见表 7—1。

2. 经营组织文件

经营组织文件的类别与内容见表 7—2。

表 7—1　　经营基本文件的类别与内容

序号	类别	内　容
1	章程文件	(1) 章程的变更 (2) 登记 (3) 申请 (4) 其他
2	股东会议文件	(1) 股东会议记录 (2) 股东会议通知 (3) 股东出、缺席会议回执 (4) 股东名册 (5) 股东印章簿 (6) 其他
3	董事会文件	(1) 董事就任书 (2) 董事会议记录 (3) 商业账簿 (4) 经营业绩 (5) 请示 (6) 业务执行文件 (7) 其他
4	经营业务文件	(1) 经营方针书 (2) 经营计划书 (3) 经营会议记录 (4) 经营会议通知书 (5) 会议资料 (6) 重要契约 (7) 诉讼文件 (8) 经营业务执行文件 (9) 其他

表 7—2　　经营组织文件的类别与内容

序号	类别	内　容
1	业务机构文件	(1) 业务机构表 (2) 机构调整文件 (3) 其他
2	业务分工文件	(1) 业务分工变更方面的文件 (2) 其他
3	职务分工及有关权限文件	(1) 职务分工变更方面的文件 (2) 权限变更方面的文件 (3) 其他
4	业务管理文件	(1) 内部监察文件 (2) 其他
5	报告文件	(1) 各种报告书 (2) 信用限度报告书 (3) 其他
6	会议文件	(1) 各种会议文件 (2) 通告 (3) 其他

3. 业务运营文件

业务运营文件主要有：

(1) 销售业务运营文件。

(2) 服务业务运营文件。

(3) 采购业务运营文件。

(4) 一般事务运营文件。

(5) 行政运营文件。

(6) 人事、劳务文件。其中包括：报纸、杂志上刊登的招聘广告；通过职业介绍所招聘职员的文件；招聘人员复制件；履历表；招聘考试题目汇集；考试答卷；应聘者一览表；考试通知书；考场指南；考试成绩单；聘用通知书；

劳动合同；任免文件；身份保证书；企业职员名册；其他。

三、文件处理工作原则

1. 准确无误

（1）要求文件运转的各个阶段和每个环节，从文件的政策思想到事实内容，从起草、审改、签发、印制、盖章到收发、登记、送批、传阅、运转、承办等，每一个环节均不可以发生错漏。

（2）拟写文稿既要符合有关法规和政策，又要实事求是。行文必须明确，防止产生歧义，要避免错别字和标点符号的差错。文件运转过程要防止错投错送、错立卷、错归档、错销毁等情况的发生。

2. 迅速及时

在文件的运转过程中，必须根据公文内容的轻重缓急，及时做出处理，做到不积压、不拖拉、不扯皮、不推诿，既不误时，又不误事。

处理迅速及时这一原则，是由公文本身的时限性所决定的。主要应从以下几个方面努力：

（1）减少中间环节。

在企业内部文件处理的层次上，一般以两层为宜，最多三层。不必要的中间环节，应该尽量删除，就是说，在内部以二至三层为宜，相邻单位间要采取直送，上下级业务部门间要直接行文。

（2）建立责任制。

文件处理部门的工作人员要有明确分工，特别是对上级“公文”和下级“请示”等急需处理的“公文”，更应有明确分工，提出要求，并建立催办制度。

（3）规定处理时限。

明确规定应处理“公文”的处理时限和印毕“公文”的发出时限，是达到迅速、高效的有效方法。当然，这一制度要与催办制度结合起来抓。

（4）利用现代技术。

如网络和传真等。

3. 安全保密

（1）要求文件从形成到终止，必须严守保密纪律和保密制度，做到不失密、不泄密，确保公文不丢失、不被盗。

（2）传递秘密公文，必须采取保密措施，确保安全。利用电脑、传真机传输秘密公文，必须采用加密措施。另外，要保护好公文。

（3）在书写和印刷时，要注意选好纸张、墨水和油墨，确保文件制作质量；在阅读文件时，要防止茶水泼溅、烟灰烫痕；在保管时，要防潮、防霉、防风吹日晒。

4. 统一文件渠道

建立一套统一的文件渠道，能使文件处理工作顺畅进行。

5. 遵守文件处理程序

在文件处理工作中，如果越过了程序，就是打乱了人员的分工，破坏了事物的规律，结果就会使上下的工作无法衔接，无法处理，回头还得按程序重来，反倒延误了时间。

6. 便于工作

（1）在文件处理部门内部，要简化登记手续，以便省下时间来熟悉业务，提高工作效率。在文件处理工作中，对手续的要求是十分严格的，而登记又几乎是道道手续中所不可缺少的，因为离开登记就无从谈健全的手续。但是，登记要为工作服务，所以应确保所做登记都应该是必要的，工作中用得着的。

方法与技巧

在明确登记范围的基础上，还应简化登记手续，避免重复登记。只有这样，才能将主要精力和大部分时间用在熟悉公文内容和提高工作效率上。

（2）对于外部来说，在制度上要便于单位对文件材料的利用，充分发挥文件处理部门的作用，特别是应主动地为单位工作提供服务，进而促进单位工作效率的提高。

四、文件处理工作组织形式

文件处理工作的组织形式，基本有以下三种：

1. 集中处理

即集中在单位的办公部门统一处理，在办公部门内，可根据文件处理的工作量，设文件科或专职文件处理人员承担这一工作。

2. 分散处理

即将单位所收的全部文件材料都转交单位的各个职能部门分别处理，并单独立卷。

3. 混合处理

即分别由单位的办公部门和单位的某些业务部门共同承担，即由单位的办公部门统一收发、催办，并负责公文的文字把关和印制，而将单位所收公文的一部分经领导批办后分别交单位的有关业务部门再具体处理，乃至立卷。

第二讲 企业文件收发管理

【学 习 重 点】

◇ 掌握企业文件收发管理的要求。

◇ 了解文件收发的职责。

◇ 文件的分发。

文件管理在于有条不紊地执行文件管理的三个环节，即收文处理、发文处理与文件保存。在此主要讲收文与发文这两个环节的控制。

一、明确文件收发岗位的职责

行政主管应确定文件收发岗的工作职责及要求，具体可参考如下所列：

（1）负责单位报纸杂志的订购工作。

（2）负责分发报纸、杂志、信函、包裹、特快专递等，做到及时、准确。

（3）及时发信、退信、退函，不丢失信件。

（4）对于特快专递要及时通知各部门，做到不延误。

（5）保密信件、挂号信件要分类进行详细登记。

（6）加强责任心，做好保密工作，不准私拆他人信件。

二、收文管理要求

1. 文件签收

凡来单位公启文件（除单位领导亲启的外）均由收发岗登记签收（由上级或邮电局机要通讯员直送机要室的机要文件除外）后分别交办公室机要秘书拆封。在签收和拆封时，收发员和机要秘书均需注意检查封口和邮戳。对开口和邮票撕毁函件应查明原因，对密件开口和邮票被撕信函应拒绝签收。

方法与技巧

对上级机要部门发来的文件，要进行信封、文件、文号、机要编号的“四对口”核定，如果其中一项不对口，应立即报告上级机要部门，并登记差错文件的文号。

2. 文件编号保管

办公室对上级来文拆封后应及时附上“文件处理传阅单”，并分类登记编号、保管。需由单位各经理人员亲启的文件，在经理启封后，也应分别办理正常手续。

单位外出人员开会带回的文件及资料应及时分别送交办公室进行登记，编号保管，不得个人保存。

3. 文件阅批与分转

（1）正式文件。

一般来说，凡正式文件均需分别由经理根据文件内容和性质阅签后，由机要秘书分送承办部门阅办，重要文件应呈送总经理（或分管副总）亲自阅批后分送承办部门阅办。为避免文件积压误事，一般应在当天阅签完，紧急文件要即阅即办。

（2）一般函电。

一般函、电、单据等，分别由办公室秘书直接分转处理。如涉及几个单位会办的文件，应同主办单位联系后再分转处理。

4. 文件传阅与催办

传阅文件应严格遵守传阅范围和保密规定，不得将有密级的文件带到家中、宿舍和公共场所，也不得将文件转借其他人阅看。尚未传达的文件不得向外泄露内容。

阅读文件应抓紧时间，当天阅完后应在下班前将文件交回，阅批文件一般要求不得超过两天，阅后应签名以示负责。如有“批示”“拟办意见”，办公室应责成有关部门和人员按文件所提要求和上级批示办理有关事宜。

三、文件内部分发

文件内部分发要达到以下要求：

1. 及时

文件处理人员对领导已批办或可按常规处理的文件材料，必须及时处理，切实做到当日事当日毕，急事急处理。

2. 分清主次，保证重点

凡对多份数的同类文件，分发时均要保证单位主要领导、主管领导和业务主管部门的需要，然后再根据文件数量和工作需要分发给有关领导和部门。这就是“三主”优先原则。如果只有一份文件，除按“三主”优先原则组织传阅外，在条件允许的情况下，也可复印若干份同时分发给各有关领导和部门。如只有一份而又亟待处理的特急件，也可先送业务主管部门处，由他们提出处理意见后再请示领导，或边处理边汇报，或事后汇报。在这种特殊情况下，需要的是灵活，决不能因固守程序而误时误事。

3. 做好清理工作

除对应承办的文件要附“批办单”和加盖文件处理章外，对一些不需登记的文件材料也要注明所发领导或部门的名称，以免放乱、拿错。

4. 分发文件要登记

（1）分发给领导文件的登记。

分发给领导需要登记的文件是比较多的，一是固定的文件；二是传阅的文件；三是需批办的文件。这些文件都很重要，为了不发生差错或减少差错，都需要做相应的登记。当然，这种登记，在领导没有秘书的情况下，也不一定要领导签字，登记的目的是便于回忆、查找和催办，以免误时误事。如有秘书，则应请秘书签字。领导的文件登记账簿，一般包括时间、文件单位种类名称、文号和备注等项。签字可单设一项，也可在“备注”栏中。

（2）分发给单位各部门文件的登记。

这种登记是以部门为户头分类的，登记的账簿与领导文件登记的账簿相同。

四、文件寄发

1. 责任科室

文件的邮寄、送发一般统一由行政部文秘人员负责。在不得已情况下，也可由适宜的部门、科室寄发，但应要求事后向文秘人员做出报告与说明。

2. 一般文件的寄发

要求各部门寄发单位外的一般文件，在各部门、科室及有关人员封缄之后，直接送交文秘科统一寄发。

3. 寄发作业要求

由文件寄发责任人员汇集所有待发文件，填好“文件发送登记表”。

待发文件必须在一定时间内发送出去。特快专递以及电报等文件，必须即时发出。

4. 机密、亲启文件的寄发

凡机密或亲启文件，必须加盖“绝密”“密”“亲启”等字样印章后发送，并给发文部门、科室或发文者以必要的回复。

5. 重要文件的寄发

其他重要文件或快递文件，必须加盖“专递”“面呈”“快递”等字样印章，并给发文当事者必要的回复。

6. 寄发费用的管理

邮费一般由行政部统一开支。

第三讲　文件的保管

【学 习 重 点】

◇ 文件归档制度的建立方法。

◇ 文件的整理和销毁。

◇ 文件的保管和归档。

文件立卷归档的目的是保证归档文件的齐全完整，以利于日后取存、利用的方便，从而提高企业的工作效率和工作质量。

一、建立文件归档制度

1. 文件归档的必要性

（1）文件的保管和存放。

文件的内容是“把资讯用文字记录在纸上”。各部门、单位为了传递资料，每天都需制作各式各样的文件，分布各地。这些文件，在必要时可以随时随地取出阅览，所以必须好好保管存放。

可是实际上这些资料文件有时会随着各经办人而变成个人物品。如果需要使用时，会因为承办者不在，而无法取得资料导致不能随时答复外来的咨询或传递。

另外存在于公共区域的资料档案，因长时间的累积，平日又无人整理，所以在需要时没办法马上取得。

所以为了避免此类状况发生，可以利用空间来存放这些资料文件，并建立档案归档制度来确实保管这些资料。

（2）提高事务的效率。

集中存入相同的文件，以利于快速方便地取得所需资料。

（3）有效利用空间。

将办公室不必要的陈年资料销毁，以维持整洁的工作环境。

（4）给予客户良好印象。

建立整洁的工作环境，以提高客户对公司良好的印象。

2. 文件归档的目的

档案归档制度是反映资料文件依规定顺序来分类整理及保存，以便取存系统化、效率化。

（1）企业的文件文件资料共有化。

企业的文件并不是个人的私有资料，而是为了公司业务需求共同拥有的资料。即使承办人外出，在必要时，谁都可以在集中保管柜中取得资料。所以一定要严禁资料私人占有。

（2）从制作日到销毁日的规则。

基于文件的寿命期间，流程规则见图 7—1。

（3）丢弃不必要的文件。过久的文件、作废不用的文件，会占有不必要的空间，应该整理销毁。

二、文件收集整理

1. 建立整顿资料的责任心

需明确各部门负责资料整理的经办人员，并让他们严格遵从归档制度。

2. 整顿方法

保管文件可利用归档用具来存放。以“保存文件名称”“当季业务年度”（开始日和结案日）等来表示，以利于整顿时的方便。归档工具有：

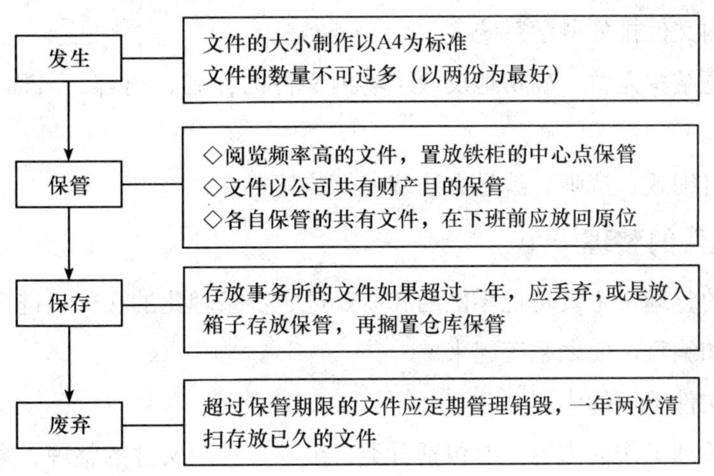

图 7—1　文件管理流程图

（1）文件夹。

（2）资料夹。

（3）资料箱。

（4）保存箱。

（5）账簿保管箱。

（6）二、三孔夹等。

3. 文件的收集

文件的收集，就是按照有关规定，把各单位、部门和个人手中分散的、种类和数量繁多的文件材料，经过挑选，分别集中到企业的档案室。

（1）收集的范围。

不是每份文件都要归档，能够归档的文件，应根据一定的实用原则挑选出来。凡是本企业工作活动中形成的、处理完毕的、对今后工作有查考价值的文件材料都应归档。

（2）收集的要求。

①属于归档范围的文件，必须收集齐全、完整。

②分类、组卷符合有关原则，能正确保持文件的自然形成联系，反映工作活动面貌。

③保管期限划分准确。

④卷内文件排列科学系统。

⑤标题结构完整（确切地反映了卷内文件的作者、内容、名称），文字简练、通顺。

⑥编目细致、清晰，编号方法统一，装订整齐、美观。

4. 文件的整理

文件的整理，主要是把零散的和需要进一步条理化的文件，进行基本的分类、组合和编目，使之系统起来。

（1）文件整理的内容。

文件整理工作的内容主要包括分类、组卷、卷内文件的整理、案卷封面的编目、案卷的装订、案卷的排列、案卷的编制。

（2）文件整理的原则。

文件整理的原则是：按照文件材料形成的自然规律，保持各文件的完整和不可分割的联系；按照文件的来源、时间和内容等条件，保持文件之间的联系，充分利用原有的整理基础；便于文件保管和利用。

（3）文件分类。

文件分类就是把全部案卷，按照来源、时间、内容和形式异同，分成若干类别。分类的方法有多种：

①年度与单位分类法。就是把全部案卷先按年度分开，再在年度内按部门分类。这种分类方法简便易行、普遍采用。

②组织机构与年度分类法。就是将全部的文件先按部门分类，然后再按年度进行分类。

三、确定文件的销毁办法

1. 销毁的概念

销毁是指对运转处理完毕，而又无保存价值的文件进行销毁。它是文件管理部门处理文件的一种方式。

2. 文件的销毁范围

销毁文件要准确界定销毁范围，明确哪些文件应该销毁，哪些文件不在销毁范围之内。文件销毁的范围大体包括以下几种：

（1）不需立卷的各类文件。

在立卷时不需要立卷的文件很多，如：无查考利用价值的事务性和临时性文件；参加各种会议带回的不需要贯彻执行的文件；企业内部互相抄送的文件；为参考目的从有关单位搜集来的有关资料等。这些均在不立卷归档范围之内，应予以销毁。

（2）平时清退出的重份文件。

在一个单位里，重份文件是很多的，有的是发后剩余的，有的是发来多份的，有的是为方便工作而复制的，也有的是会议上形成以备机动之用的备份材料。上述各种文件，一般可留一至几份作资料保存，其他重份文件，均在销毁范围之内。

（3）无保存价值的其他文献资料。

如下级单位报送上来的或上级单位发送下来的有些材料，有的只作为一般情况了解之用，有的则只在当时一定时间内具有参考价值，这类无长期保存价值或无继续使用价值的各类资料，也在销毁范围之列。

（4）上级单位授权销毁的材料。

有的文件资料虽是上级单位发来的，但注有“阅后可销毁”字样的，经与上级发文单位沟通核准后，应按要求予以销毁。

（5）翻印复印的上级文件。

在文件的传达贯彻中，因学习贯彻文件的需要时常翻印或复印上级有关文件（需经上级发文单位同意），对翻印或复印的上级文件，用后应及时收回并予以销毁，严防丢失或漏毁。

除此之外，订阅的内部发行的材料、刊物等，也在销毁之列。

3. 销毁的时间

文件的销毁，一般可一年集中进行一次，也可以随时销毁，特别是密级较高的文件，应随时清退，随时销毁，以防止丢失或泄密。

4. 销毁的要求

文件的销毁是一项十分严肃的工作，必须按有关规定和手续要求进行。其具体要求大致有以下几点：

（1）按规定的销毁权限和范围销毁。

对文件的销毁应按规定严格界定销毁范围，凡属销毁范围之内的文件，任何文件管理部门和个人不得以任何借口截留不毁。

（2）履行销毁审批手续。

销毁文件必须履行审批手续。文件销毁的审批，一般由办公部门的领导人负责。文件管理部门报批销毁时，应拟写销毁文件的书面请示，并附有销毁目录，经领导审批签字后，方可进行销毁。

（3）销毁文件应登记造册。

在销毁文件之前，文件人员就对准备销毁的文件，逐件进行登记，文件处理人员与监毁人应对登记在册的准备销毁的文件认真核对，确定无疏漏之后，才能进行销毁。

（4）大批量欲销毁文件的处理。

大批量欲销毁的文件，可送造纸厂保密车间溶化纸浆，但绝密文件等不宜送造纸厂销毁，处理人员可采取焚毁的形式予以销毁。严禁向物资回收部门出售内部文件和资料、刊物等。文件清退标准运转处理过的文件需要定期清退，否则就会造成文件管理上的混乱。

四、确定文件的保管期限

1. 保管期限的计算

文件资料的保管期限，如没有特定的规定情形，可从记入日期的隔年年初开始计算。

2. 决定保管期限

重要文件的保管准则，会因为各部门的业务需求而保管期限不同。所以一般文件资料会由各部门保管。

保管期限可分为永久、非永久（如 10 年，7 年，5 年，3 年，2 年，1 年）。

新制作的文件或是未决定保管期限的文件，可利用“文件保管期限准则”

来分类保管。各部门确定保管期限之后，报备文控中心。

文件的保管期限变更时也必需报备文控中心。

3. 保管期限准则

（1）永久。

①基础书类（专业书册、工作手册等）。

②股东会议、董事会议等重要会议所决定事项的资料。

③政府机构所发布的公文。

④历史性重要文件。

⑤法院裁决文件。

⑥公司的企划方案、企划书等资料。

⑦公司财产的契约书、文件。

⑧会计决算文件。

⑨人事资料、调查表、统计表。

⑩其他的核准函件。

（2）有关非永久保存期限者见表 7—3，表 7—4。

表 7—3　公司部门间的文件的保管

保存年数	文件名称	编号	备注
7年	会计传票、账簿、收据		
5年	调查表、统计表、开会资料书		
3年	年度计划表、发送的一般文书、重要的一般文书		
2年	出差表、账单；薪资、奖励单		
1年	请假单、出勤（单）卡、工作考核表、职位组织表、印制申请、各类申请书、消耗品申请书		离职后
修订后不必要文件销毁	经营管理制度、职务基准表、职位组织表、职员名册		

五、文件立卷归档

将本组单位办理完毕的文件材料挑选出有查阅、保存价值的部分，按照它

表 7—4　　分公司文件的保管

保存年数	文件名称	编号	备注
7 年	分公司账簿、买卖契约书		
5 年	分公司的营业日报表、分公司的业务报表、年度预算报告书、客户状况调查表		
3 年	契约书、订货书、申请书、盘点报告表、客户一览表、进货单、送货单、汇款单、支票本、分公司职员名单、健康检查报告表、保险单文件		
2 年	业务书信、一般书信、个人业绩表、抱怨处理表、出差表单、异动表		
1 年	薪资单、年终调整表、休假单、履历表、出勤卡工作考核表、个人勤务表、各类出勤单交通费用申请单、休假单、缺勤表、迟到表、早退表、交通费补助支给明细书、福利补助申请单、借款单、各类申请单、消耗品申请单		离职后
修订后不必要文件销毁	经营管理制度、职务基准表、员工名册、分公司职位事务处理分担准则		

们形成过程中的联系和规律，组成案卷，这个过程被称作文件立卷。文件立卷一般由秘书或文员负责，既要保证案卷质量，又要便于有关人员需要时快速查找。

1. 立卷的原则

按照文件形成的自然规律，保持它们之间的联系，使案卷正确反映单位活动的本来面貌，分门别类，便于保管和利用。

2. 立卷的要求

文件立卷时，要求最好准确地划分保管期限。避免将需永久或长期保存的文件材料同短期保管的文件材料相互混杂，给档案的保管、统计、利用工作带来不便，甚至影响重要档案的齐全完整。

3. 立卷的方法

一般情况下，可根据文件的下列特征进行立卷：

（1）按主题特征立卷。

就是将各文件中主题性质相同的文件组成卷案。主题可以概括，也可以具体，这要根据文件的多少来确定。例如，在一年中业务工作方面的文件，就可按什么性质的业务来分类立成一卷；如这方面的文件数量较多，则又可细分成若干卷。

（2）按时间特征立卷。

就是按文件形成的时间或文件内容所针对的时间立卷。一般来说，案卷多数具有时间特征。因此，在组卷时，只有对那些时间针对性较强的文件才以时间特征为主组卷。如年度预算、季度计划、统计报表、期刊、简报等。

（3）按“作者”特征立卷。

“作者”是指制发文件的部门或个人。同一作者或部门的文件材料组合成为案卷，就是按作者特征立卷。

（4）按文件名称特征立卷。

就是将同一名称的文件、材料组成案卷。如总结、请示报告、计划、批复、简报、通知等分别立卷。一般情况下，这种立卷方法往往同按作者、按主题特征立卷方法相结合，不单独采用。

4. 做好平时立卷工作

行政人员应根据案卷类目及时把文件归入按条款设置的卷内，就是平时立卷。做好平时立卷工作要注意：

（1）编好案卷类目。

案卷类目就是按照立卷的原则和方法，为便于立卷而编出的案卷名册。案卷类目是由类目和条款组成的。案卷类目对立卷工作十分重要，可以保证文件的完整，便于查找利用。

（2）准确确定立卷归档的范围。

一个组织每年经过文件处理的文件、材料是大量的，但不能将所有的文件、材料，都立卷归档。立卷归档的重点，应以本单位形成的文件、材料为主。具体来说，有以下几个主要方面：

①工作、生产、社会活动中形成的具有查考价值的各种文件、材料、传真、电报，还包括一些应归档而往往平时收集不够的材料，如汇报材料，调查

报告，以个人名义向报刊、电台发表反映本单位的文章稿件，各种统计数字、报表、规章制度等。

②各部门报送的重要统计、报告及其他有重要查考价值的文件。

③重要的来信、来访材料。

5. 调整定卷和归档

（1）复查案卷文件，确定保管期限。

复查案卷文件，就是要根据立卷原则、要求和特征，对卷内文件进行复查，剔除不需立卷归档的文件，纠正分类不准确的文件。然后根据档案材料保管期限来确定案卷保管期。

（2）排列卷内文件。

卷内文件的排列可按照时间、主题、地区、作者、名称等排列。排列时要注意正文在前，附件在后；请示在前，附文在后；最后的定稿在前，讨论修改稿在后。

（3）编写卷内文件。

凡列为永久和长期保管的案卷，都必须编写张号。编写张号应注意：

①依次为文件的每一张编一个号，而不是为每一页编号；空白纸不编张号。

②卷内的小册子与其他文件合在一起编张号。

③左侧装订的在右上角编张号，右侧装订的在左上角编号。

④张号编写工作必须做到准确无误。

（4）填写卷内目录和备考表。

案卷经过复查调整，在装订前，应及时填写卷内目录。填写卷内目录时一般每一份文件分别填写。如几份文件的内容完全是针对着某一个具体问题的，也可以综合起来填写。卷内目录一般可填写相同的两份，其中一份附在卷首，不编张号，另一份留以备查。

永久、长期保存的案卷还要填写备考表，主要是为说明卷内文件的某些缺点或问题，并注明立卷人姓名，以备查考。备考表附在卷末，不编张号，应在装订前填好。

（5）装订案卷。

装订案卷时，要注意：

①修整文件，去除文件上的所有金属物。

②不装订的一侧和下边，要取齐，使案卷整齐美观。

③装订的一侧线外要留有一定的余地避免翻阅时掉页，但又要注意不要把文件的字句订住。

④一般横排横写的文件在左侧装订，竖排竖写的文件在右侧装订。

（6）填写案卷封面。

案卷封面应工整地填写，填写的项目为：单位名称（如按问题分类，应填写类的名称）、案卷标题、卷内文件起止日期、卷内文件张数、保管期限、文件处理号。

6. 案卷的排列和编号

调卷工作结束后，要根据文件之间的联系和分类原则，对案卷进行系统地排列，将类目相同和保管期限相同的案卷依次排列。并逐个编上案卷顺序号。

7. 编制案卷目录

将已经排列、编号的案卷，按卷号顺序登记在统一印制的案卷目录上，就是编制案卷目录。案卷目录是最基本的检索工具，如表 7—5 所示。

表 7—5　档案目录卡

编号	档案名称	性质	类别	建档位置	建档时间	销档时间	备注

8. 归档

完成全部立卷工作：编好案卷目录后，按照档案管理的规定，将全部案卷和案卷目录移归档案室。归档时，档案室就根据案卷目录逐卷进行检查接收。如有不符合要求的地方，可进行改正。

第四讲　文档的管理与利用

【学 习 重 点】

◇ 防止文档的毁损。

◇ 文档的利用。

具有价值的文件经过立卷归档、收集整理、移归档案室后，剩下的任务就是妥善保管，以便最终有效地充分利用。

一、文档损毁的防治

1. 文档材料损毁的原因

（1）内因。

内因是指文档本身制成材料的质量。如纸张、墨汁、墨水、油墨等材料的质量如何，将直接影响文档的保管。

（2）外因。

外因主要有自然环境、保管条件和人为的因素等。如不适宜的温度、湿度，各种有害生物、光线、灰尘、气体以及人为的破坏等。

2. 档案材料损毁的防治

针对文档损毁的原因，除在形成文件过程中，如在印制文件时选用质量较好的纸张（含纤维较多、颜色较白、表面平细、拉力强的纸）、墨水、墨汁、油墨外，还必须要有专门放置文档的处所和箱柜。还应根据需要和可能，配置温度计、湿度计、防虫剂、吸水剂、防尘和除湿器械。档案库房应严格控制温、湿度（温度一般在 14℃～18℃，湿度控制在 50％～65％），要避光和密闭，防止并最大限度地减少光线、有害气体、灰尘、微生物侵害文档材料：要注意防虫和防霉；注意防火、防盗和防鼠。

二、文档的利用

1. 文档利用工作的基本要求

（1）必须熟悉档案室（柜）内保存文档材料的情况，包括内容、范围、存放地点、完整情况和作用等。

（2）摸清单位利用文档的规律，了解企业领导和各部门需要利用的内容和要求。

（3）有计划、有重点地编制必要的检索工具和参考资料。

（4）建立查阅制度，主要有查阅手续、摘抄、复印范围及清点、核对手续、查阅注意事项等，如表 7—6 所示。

表 7—6　　调阅登记簿

序号	档案编号	档案名称	调阅人	调阅时间	归还时间	备注

核准：　　　　制表：

2. 提供利用的方式

（1）设立阅览室，开展阅览工作。

（2）将文档材料借出，供利用者暂时使用。

（3）将文档材料进行复制提供利用。

（4）根据文档内容编写综合资料提供利用。

3. 检索工具的主要种类

（1）说明和介绍整个文档所存的全部或其中一部分文档材料，如案卷目录、卷内目录、重要文件目录等。

（2）说明和介绍档案室所存的一个专题的材料，如专题卡片、专题目录、专题介绍等。

（3）指明文档材料的有效地点和一定事物所涉及的文档材料，如存放地点索引，人名、地名索引等。

4. 参考资料的种类

（1）大事记。就是按时间顺序简要地记载一定时期的重大活动的资料。

（2）组织沿革。就是系统地记载一个组织、一个部门的变革情况。

5. 基础数字汇编

就是以数字形式反映一个组织某方面基本情况的资料。基础数字的种类较多，从时间上看，有长期的，有短期的；从形式上看，有文字的，有图表的；从内容上看，有综合的，有专题的。

6. 专题资料汇编

就是用文字简要叙述某一时期某一方面的经营、生产、业务问题以及产生、发展、变化情况。

7. 文件汇编

就是把重要文件某一方面的方案决策或某项目的文件汇编在一起。

思考与练习

一、术语解释

1. 企业文件

2. 文件立卷

二、选择题

1. 经营基本文件包括（　　）。

A. 章程文件　　B. 报告文件

C. 会议文件　　D. 业务管理文件

2. 文件处理工作的组织形式主要有（　　）。

A. 集中处理　　B. 分散处理

C. 混合处理　　D. 其他

3. 下列属于永久性文件的是（　　）。

A. 会计传票　　B. 调查表

C. 账单　　D. 工作手册

4. 立卷的方法有（　　）。

A. 按主题特征立卷　　B. 按时间特征立卷

C. 按“作者”特征立卷　　D. 按文件名称特征立卷

三、填空题

1. 在文件处理工作任务中，概括起来就是收、________、________、________、用五项。

2. 在文件运转过程中要防止错投错送、________、错归档、错销毁等情况发生。

3. 对上级机要部门发来的文件，要进行________、________、________、机要编号的“四对口”核定。

4. 案卷类目是由________和________组成的。

四、思考题

1. 文件处理工作原则是什么？

2. 文件销毁的要求有哪些？

参考答案：

一、术语解释

1. 企业文件主要是指企业经或活动的信息传递与信息保存的载体。

2. 文件立卷是指将本组单位办理完毕的文件材料挑出有查阅、保存价值的部分，按照它们形成过程中的联系和规律，组成案卷。

二、选择题

1. A　2. ABC　3. D　4. ABCD

三、填空题

1. 发、存、管

2. 错立卷

3. 信封、文件、文号

4. 类目，条款

四、思考题

（略）

第八单元

企业后勤管理

第一讲　员工食堂管理

【学 习 重 点】

◇ 做好食堂的卫生安全管理工作。

◇ 把握食堂的管理环节和人员配备。

◇ 做好食堂财务管理工作。

食堂管理是对食堂事务进行有组织、有计划的管理活动。企业食堂管理人员，应当充分认识肩负任务的重要性，运用科学管理的方法，达到营养卫生、物美价廉、经济实惠的目的，更好地满足员工的饮食需要。

一、食堂管理的环节

要搞好食堂管理，需从以下四个环节入手：

1. 保证伙食质量

首先是伙食质量，要改变多数食堂伙食品种单调、口味平淡等不足，尽可能做到伙食多样化、营养化和风味化，价格多档次，以满足员工的不同需要，使大家吃得饱、吃得好。

2. 改善服务态度

食堂炊事管理人员要做到待人热情礼貌，服务细致周到。

3. 搞好饮食卫生

饮食卫生关系企业员工健康安全，不能大意。要严格执行《食品卫生法》，明确制定食堂卫生规章和操作要求，要对食堂卫生和炊事管理人员卫生进行经常性检查，并对炊事管理人员进行定期健康检查，堵塞一切漏洞，严格把好卫生关，防止病从口入。

4. 搞好成本核算

应千方百计减少消耗，降低伙食成本，维持收支平衡。

二、人员配备

1. 食堂的工作任务

员工食堂是为员工服务的，因此，食堂工作人员肩负的责任十分重大，所涉及的工作事务也是烦琐的。其具体工作任务概括如下：

（1）确保材料（米、菜、油、盐等）的质量，并做好采购与保管工作。

（2）厨房工作人员的素质培训。

（3）厨房饭菜供应的计划与调配。

（4）饭菜卫生与食堂环境的管理。

（5）菜肴的调剂与改善。

2. 人员的配备与分工

搞好食堂人员的配备及其合理分工，是做好食堂工作的基础。食堂的人员配备，依其规模大小而定，规模小的食堂一般配有管理员、厨师、厨工、服务员等；规模较大的还另外配备仓管、采购等人员。

同时，食堂人员的分工讲究技术性。人数越多的食堂，分工越细致，而且将责任步步到位、层层到人，以确保食堂日常工作的顺利进行。

三、卫生管理

在食堂卫生管理上可采取如下措施：

1. 强化公司食堂基础设施卫生

（1）食堂厨房应与厕所及其他不洁处做到有效隔离，且厨房的门窗均不得面对厕所。

（2）厨房配有良好的供水系统与排水系统，以使污水能够迅速排除。

（3）公司所有食堂的地面、天花板、墙壁门窗做到坚固美观，所有孔洞缝隙予以填实密封，并保持整洁，以免蟑螂、老鼠出入。

（4）装置排气系统，对排气系统所排出的污油进行妥善处理，避免直接喷泻，干扰附近居民。

（5）采用铝质或不锈钢材质的工作厨台和橱柜。

（6）注意清扫厨台及橱柜内侧及厨房死角，以免遗留物腐烂。

2. 保障公司食堂食物卫生

（1）食物一律在工作台上操作，并将生食、熟食分开处理。刀、砧板及抹布等工具，应始终保持清洁。

（2）食物保持新鲜、清洁。洗清后，以塑胶袋分类包紧，或装在有盖容器内，分别存放于冰箱或冷冻室内。鱼和肉类的取用处理要迅速，以免反复解冻而影响鲜度，要确实做到不将食物暴露在常温中太久。

（3）凡易腐的饮食物品，均储藏在摄氏零度以下的冷藏容器内，生食、熟食分开储藏，以防串味。

（4）调味品以适当容器装盛，使用后随即加盖，所有的器皿及菜肴均不得与地面或污秽物接触。

（5）厨房一律备置密盖污物桶、厨余桶。厨余桶当夜倒除，不得在厨房内过夜。确实需要隔夜清除的，则用桶盖隔离，且厨余桶四周要经常清理，以保持干净。

3. 对食堂的炊管人员做好健康检查工作

新调入的食堂炊管人员必须进行健康检查，取得健康证后方可进入食堂工作，并每年检查一次。凡患有痢疾、伤寒、病毒性肝炎、活动性肺结核、化脓性或者渗出性皮肤病等传染病（包括病源携带者）以及其他有碍食品卫生的疾病，不得在食堂工作。已在食堂工作的，要予以调整，以免传染给他人。

5. 食堂卫生监督机制

建立餐饮管理委员会，向员工灌输卫生知识，并对食堂员工进行培训，培养他们保持卫生的习惯，餐饮管理委员会还要定期检查食堂卫生。

为确保检查工作有效进行，要求相关部门迅速对检查结果进行反馈和处理。

四、财务管理

搞好食堂财务管理，对于不断提高资金运用效能，改善食堂管理，提高饭菜品种质量都具有十分重要的意义。食堂的资金可分为固定资金、流动资金和专用资金。流动资金即单位供给的周转资金；固定资金是由单位福利费用无偿提供的物资形态；专用资金则是来自就餐者为饮食消费而由个体支出的生活费。

1. 固定资金的管理

固定资金管理在食堂中主要表现为对固定资产的管理。固定资产包括：设备、房屋、运输工具、炊餐具、清洁卫生用具及维修材料、服务用品等。食堂在使用时，要加强管理登记造册，定期盘数清查，防止丢失损坏，加强维修，延长使用寿命，提高使用率。

2. 流动资金的管理

食堂的流动资金，按用途分为原材料资金和结算资金两大部分。

（1）原材料资金的管理。

对原材料资金实行定额管理，根据原材料定额来掌握使用资金。即根据某种原料日均消耗量和储存天数制定的，分最高、最低和平均定额。平均定额是最低定额与最高定额的平均数，从全部原材料定额上看，与平均数接近，所以食堂财务会计对原材料资金核定定额时，应以原材料的平均定额为标准。

要管好原材料定额资金，必须管好库存原材料。要经常了解原材料的储存情况，认真进行库存结构和数量分析，使库存合理，防止积压浪费，合理使用原材料，在保证饭菜质量的前提下，降低原材料成本，节约使用流动资金。

方法与技巧

库存的原材料必须有数量金额明细账，并且要有专人负责管理。大宗原材料，如食油、面粉、大米等，必须有专人、专柜、专库管理，实行日清、日结，账、物、款三核对。

（2）结算资金的管理。

结算资金是食堂在正常结算过程中所占用的资金，包括应收款、预购定金以及待处理款项等。对结算资金的管理，必须严格执行国家银行规定的结算办法，杜绝相互拖欠、相互借贷，减少结算环节，简化结算手续，及时检查和督促有关部门清理各项资金悬案。

（3）购零资金管理。

购零资金是指食堂采购人员在农贸市场上不超限定金额直接付给出售人员的货款。对购零资金要加强管理，采购单据要写清出售货物的地址，出售人姓名，出售物品名称、规格、单价、金额等，并盖有印章，没有印章时可按手印或签名。采购人员以此与会计结算账目。会计对购零资金要定期结算，并监督使用情况。

第二讲　员工宿舍管理

【学 习 重 点】

◇ 掌握宿舍的管理方法。

◇ 宿舍的设备管理和维修。

◇ 宿舍的分类与安全服务管理。

员工宿舍关系着企业员工起居和日常生活。只有合理解决员工的住宿问题，保证员工的充分休息，才能使企业每一位员工心情舒畅，全身心投入工作，为企业创造价值。

一、宿舍的分类

员工宿舍包括单身集体宿舍、供三班倒的员工休息的“倒班宿舍”和家庭住宅等，对这三种类型的宿舍的管理方式应有所区别。

1. 单身集体宿舍

单身集体宿舍一般是为未婚的员工和家住外地的员工准备的。主要是由企业出资兴建，以较低的房租供员工使用。也有的是把集体宿舍办成公寓式，效果很好。对集体宿舍要派专人管理，不仅要保证员工的睡眠环境，还要为他们的学习、娱乐、交际等创造良好的条件，使他们感到企业如同家庭般的温暖，体会到企业的关心，从而产生出工作干劲与热情。

2. 倒班宿舍

“倒班宿舍”主要是为帮助那些在家得不到正常休息和睡眠或离工作单位较远的员工而准备的。它一般不属员工固定使用，而是根据实际需要免费提供临时休息和睡眠的场所，以保证员工精力充沛地工作。

3. 员工家庭住宅

员工家属住宅一般是兴建在企业附近的生活区，方便员工就近上班，并对保证员工能有较充裕的闲暇时间去学习、娱乐和休息，具有积极作用。同时，由于离工作单位较近，也减轻了员工的通勤成本。

二、宿舍管理方法

1. 管理员的具体责任

（1）填制员工名册、管理日志、用品台账，并于每月月底提交给总务科长或人事科长。

（2）建筑物及附属设施的检查、保养与维修，落实防火防害对策。

（3）监督员工遵守规章制度。

（4）对单身宿舍进行卫生保健管理。

（5）负责员工与公司的沟通联系。

（6）给予员工必要的生活援助。

2. 入住程序的管理

（1）入住者必须是公司的员工。

（2）希望入住者，必须提交入住申请表。

（3）由公司决定是否批准入住和各居室定员。

（4）被批准员工，需在×日内搬入，否则视为无意入住，而取消其入住资格。

（5）采取弄虚作假手段获准入住或已经员工，取消其入住资格。

3. 日常生活管理

（1）员工必须严格地遵守本规定，自觉地维持公司宿舍的生活秩序和公共道德。

（2）员工的作息时间为：起床×时×分，就寝×时×分。

（3）员工的外出时间为从上午×时至午后×时。

（4）员工外出时，应事先将外出地和预计天数报告宿舍管理员。

（5）员工的洗澡时间为下午×时×分至晚上×时×分。

（6）员工应在指定会客室会客，并且不得留宿客人。

（7）员工在宿舍内举行活动时，需事先将有关安排报告给管理员。

（8）员工发生下列情况时，应当向管理员通报。如果管理员不在，应当直接向公司通报：建筑或附属设施损坏时；火灾、水灾或失窃时；宿舍内出现传染病患者时；出现其他需通报事项时。

三、宿舍设备物品管理

（1）要科学使用设备，精心维护，及时检修，确保技术状况良好。对于锅炉等压力容器和电视机等贵重物品，要单独建账设卡，指定专人管理。

（2）加强库房管理，各类物品分类摆放整齐，做到无损失霉烂，账物相符。

（3）给住宿员工配发卧具等物品要做到及时准确，手续完备，账物相符。

四、宿舍维修管理

对公司宿舍区内水电设备进行维修管理是后勤保障工作的重要内容。管理得好，可以保持房屋的完好率、创造较好的环境，并解除员工的后顾之忧。对公司宿舍区维修管理的具体要求为：

（1）每半月对宿舍区的水电设施、抽气扇、空调等进行一次检验。检查水电设备的运行情况。如发现机械故障，应立即通知维修人员处理。

（2）每月对各房的电表进行抄录、核实，同时检查各分路开关有无超载过热现象，如果发现及时处理。

（3）每月检查一次集体宿舍房间的电器，验看灯具、开关、插头、接线盒是否完好，室内有无乱接乱拉电线现象，电风扇转动是否正常，扇叶是否干净无尘。

（4）每月检查一次各家属宿舍和集体宿舍的楼梯及走廊的灯具、开关，测试各房的电器是否完好，发现问题及时更换。

（5）每月检查一次电热水器，测试绝缘性、自动断电是否正常。

（6）每月准时抄录各栋宿舍的总水表，检查总阀及各分路水掣，发现漏水及时处理。

（7）每季度检查一次各栋宿舍的总配电箱、柜、开关的接头、触点，检查其绝缘情况和设备卫生情况。

五、宿舍服务管理

1. 充分发挥现有人员和服务设施的作用

组织好常规性的服务活动，即让住宿人员在理发、洗澡、洗缝衣物、购买日用品、收发邮件、打电话、接待探访亲友和客人住宿等方面不出宿舍。

2. 活跃员工的文化生活

电视室、阅览室、游艺室每天按规定的时间开放，电视节目每天预告。每周举行小型文娱活动，四大节日（元旦、春节、劳动节、国庆节）举办大型文体活动。

3. 开展新的服务项目

调查某些员工的特殊需要，开办新的服务项目。例如给倒班的员工提供叫班服务，为少数民族员工代购代做节日传统用（食）品，代员工接待客人或传达客人留言，为员工提供生活咨询服务等。

六、宿舍安全管理

1. 定期对住宿人员、服务人员进行安全教育

对宿舍的锅炉工、电气工进行专业安全技术培训，经考核合格，才能上岗操作。要制定安全责任制，明确规定住宿管理人员、服务人员、设备操作者的安全责任和权力，要坚持安全检查制度，定期检查安全责任制落实情况和班组

安全活动开展情况，定期检查机电设备和建筑设施的安全状况，发现隐患，及时处理。

2. 要严格执行治安管理各项规章制度，加强综合治理

要加强门卫管理，建立健全的暂住人口、会客登记制度。传达员、服务人员要严格贯彻宿舍管理的各项制度，做好交接班记录要与治安保卫部门和员工所在部门配合，加强宿舍秩序管理，防止酗酒闹事、打架斗殴、赌博盗窃、嫖娼卖淫等现象的发生。

第三讲　办公设备管理

【学 习 重 点】

◇ 企业办公设备管理要点。

◇ 办公设备的购买和管理规则。

◇ 办公设备的记录管理。

企业办公日常事务比较繁杂，为了提高行政效率，就需要齐全完备的办公设备，如计算机、复印机、通信用电子设备等。为使信息交流迅速、准确、有效地进行，同时还需要使用各种影像设备等。

一、办公设备管理注意事项

1. 办公设备管理的目的

企业的办公设备，由于种类和数量渐渐增多，办公设备管理在企业整体的业务运转中是一项不可忽视的工作。因为在事务设备中的事务机器（包含计算机）等多归类于固定资产，还有日常设备、办公设备、消耗品及大小机器类等。这些机器类的设备要常常维修整理以保持无故障的状态。办公设备的管理目的是使“机械的运转状况要保持最高的状态”。不过，事务机器的维修费用和管理费用、人事费用等都是一笔很大的成本。另外，因管理上的疏忽而导致机器的故障或时间上的损失都是无法预算的。为了防止这些事情发生，应该要有“保守管理的观念，正确的指导使用方法，避免发生故障的细心注意”的观念。所以说，办公设备的管理目的是有效地使用办公设备，并维护管理办公设备。更重要的是减少经费，提高经济效益。

2. 管理上的关键

管理上的关键其实是企业为了求统一各式各样的管理准则而设立的。其关键是：

（1）办公设备表单格式统一化。

（2）办公设备管理编号统一化，其形式、尺寸规格等都有一定的编号。

（3）办公设备的一览表制定和种类的分类表的设定，商品折旧额一览表的设定等。

二、明确管理负责人

1. 确定管理负责人

为了达到办公设备管理目的，可设一位管理负责人来管理办公设备事宜。

2. 管理负责人的工作

（1）购买和废弃。

办公设备管理负责人的工作项目分为办公设备的购买和废弃。办公设备会因为长时间的作用或作用次数频繁，以致消耗磨损。一般的设备都有一定的使用寿命，所以新旧替换都可以在事前准备。在其管理过程中，会因为上述的情形而购买新的设备，而在购买价格上，为了减少经费又要买到好东西，这项任务就必须由一位判断能力强的经办者承担。

（2）对于使用人员的教育指导。

管理负责人的第二项工作是，对于办公设备使用人员的教育指导。在指导中要强调的是机器设备须经常用心去保养维护，使它的使用寿命更长久。

（3）设备供应商的选择。

在办公设备管理中还有一项非常重要的工作就是设备供应商的选择。各公司对于设备供应商的选择都有一定的标准，如：

①公司的规模大小并不重要，售后服务更重要。

②通过调查的供应商。

③受同业或顾客赞美，认真并坚守信念经营的老店面。

④会站在他人立场、为他人着想的供应商。

以上都是选择供应商的准则。除此之外，还要从这些供应商是否对本公司有所贡献或其负责人人品方面来决定。

错误选择供应商，会导致本企业的经费损失。因而，在选择供应商之前必须先调查清楚。

3. 选择供应商的顺序

下列是选择供应商的具体参考事项。

（1）在选择供应商时，首先请供应商提供公司简介、实绩表等。

（2）将提供的资料阅览商讨，再选出供应商。

（3）被选上的供应商必须提供有关商（样）品报价单，如果有不清楚的地方需要确认。

（4）面谈后供应商提供最后的报价单后再作决定。

（5）供应商都各有长处和短处，所以最好选择多家作比较。

三、办公设备的购买

1. 购买的注意要点

由于事务量的增多，常会发生办公设备的不足情形。所以，行政主管应填写“办公设备购买申请书”向采购单位提出。接下来是从填写该申请书到订购前的手续。首先要注意的是申请书中必须明确地填写品名、规格等，必须注意以下几点：

（1）购买的设备是否适合于业务的处理。

（2）购买后的维（修）护是否有问题。

（3）购买金额是否妥当。

（4）购买后的管理是否容易。

（5）在购买机器时是否有听取操作负责人的意见。

2. 购买时的注意事项

决定购买之后就是订货的手续。然后与供应商商谈购买程序，以下就是在商谈时需要注意的事项。

（1）商谈之前，采购单位已先将购买设备的名称、规格、型号和目录等传达给供应商，接着就是确认进（交）货日期，然后再要求提供报价单。

（2）报价单提供后，确切地估算购买金额，然后检查预算金额的差异是否合理。

（3）金额检讨的结果，也许是提高预算金额，或是与供应商商讨是否降低金额。

（4）商谈的结果，也许双方所提出的条件毫无问题，可是双方之间会因某个条件谈不拢而无法合作的情况也有。这时候，为了往后不要留下不良印象，该要有技巧性地停止谈判。

3. 进（交）货日延迟的处理

商谈成立后就正式订货。订货后基本没多大问题，但有些货品的制造过程需要较长的时间，还可能会面临一些突发事件，所以必须要有预防突发事件发生的措施。

（1）在交涉商谈时要注意，如果货品进（交）货日延迟，必须要有相同品可以代替。

（2）购买条件须事前确定。

4. 进货手续

依照合同指定的设备如期进（交）货之后首先被编列为办公设备类财产。进货后有以下整理手续。

（1）保管事项、保证事项等业务必须确认。确认后在送货单盖上“已验收”的印章交回供应商。

（2）检查订货设备与进货设备的规格、型号等是否相同。

（3）收到使用手册时请供应商测试。

（4）最后将设备放置在所指定的地方，手续即告完成。

（5）进（交）货手续办妥后，进货单、买卖合同等资料需制成办公用财产

（管理）目录表。

（6）供应商所寄出的收款申请书，应依照合同中记载的报价金额，付款期限内交由会计部门办理付款。

（7）将办公设备财产目录表加上有关资料（例如合同书、进货单复印件、报价单复印件）交由总务单位保管。

（8）总务单位将接（收）到的资料一一检查之后，把资料分类别整理。办公设备财产目录表应予归档（最近的资料都利用电脑操作输入，这一类电脑处理方式是近来企业通常使用的方法）。

5. 办公设备新旧交替的购买

（1）新旧替换购买的时机。

办公设备会由于长时间的使用磨损而发生故障。采购单位需时刻注意其使用年限，然后申请新旧交替的购买。接到“购买申请书”时，行政主管应先判断是否该再购买，如果是新旧替换购买，可与当初购买的设备供应商联络，商谈购买内容。

（2）新旧替换时应注意事项。

新旧替换和当初新采购时的情形有些不同之处，应注意的地方为：

①首先，和新采购不同的地方是旧设备的金额可查询。虽然那时购买的金额会与现在不同，但要利用其价格与供应商作交涉。一般在新旧替换购买时的价钱会比定价低。

②在购买时，大多会选择以前合作过的设备供应商，也因此减少了选择供应商的时间，可是在交涉洽谈中也会遇到不好处理的时候。但由于与供应商有长久的合作，所以会更容易地交涉。

③结束了购买手续之后，设备进货时，必须确认是否与旧设备相符，旧设备也必须在办公设备财产目录表中删除。如果忘记了这一工作，设备被报废之后，表（账）上会与实际不符。

④新旧设备交替时，旧设备的保管、修理等状况必须记入设备管理卡之中，以备事前的调查、分析以供决策者的参考，尤其是容易发生故障的地方。

⑤事前听取使用者的意见，了解旧设备在使用上常发生的问题，以供新旧替换购买时参考。当购买交涉时，需要先参考旧机器的办公设备管理卡片。

四、办公设备管理卡制作和登记

1. 设备管理卡是办公设备的病历表

企业在购入设备时应将它们的相关资料登记在办公设备管理卡中，正式成为公司内的资产。有些公司会依照事务设备购买时的价格来分类处理。

方法与技巧

办公设备管理卡是办公设备管理部门中最重要的执行项目。该卡登记内容是记录办公设备的相关管理事务（新购入的文具设备，设备的新旧替换购买、修理、保管等项目）。这类管理卡犹如医师将病患的病情一一记入病历表一样。它是一项重要资料。

2. 卡片登记要求

将设备如期进货办完手续之后，必须将进货单或买卖合同书等资料记入办公设备管理卡。

（1）管理编号。

管理卡归档置于柜中时，为了分类整理和随时可抽出资料，必须一一编入号码以方便整理辨识。分类整理方法有使用目的、负责人、使用年数、购入年度等。

（2）完全名称。

设备的名称应以全名来登记。如果以计算机输入时也必须将代码编号输入，型号不可以省略掉。使用年限和损坏几率的资料也必须登记。

（3）购入厂商。

在购入厂商一栏中必须将交涉负责人的名称记录下来，以便日后联络。电话号码和内线号码如果清楚也一并记录，传真号码记录在备注栏中。

（4）价格。

将购入时的金额详细登记，如果有减价的差额时将价格记在备注栏中，以便日后再购买时作为参考。

以上的事项如果全部填写完毕，就盖上供应商的印章，附上相关资料送到负责的采购单位。采购单位确认内容，内容若符合时盖上通过的印章，将其中的回联交回承办负责人。负责人必须将这些卡片整理分类，与其他相关的资料一起装订再归档。

3. 折旧的记录

（1）设备在购买后到决算时，首先将购入资产以折旧方式来处理。办公设备在购入之后所制作的办公设备管理卡中的折旧记录，就需要将折旧年度、折旧金额、剩余价值等详细算出并记录。实施作业时首先要确认是否已将设备的使用年限和折旧率等资料记入。

（2）如果遗漏未记录，可利用固定资产折旧率一览表来计算该设备的耐用年数和折旧率，最后将调查出来的结果登记在表中。

（3）办公设备的折旧比例有两次以上时，不可以使用首次列出的数字。

4. 保管和修理的记录

保管和修理记录资料必须确切记录，登记内容有修理的日期、修理地方、原因（如果知道为什么会发生故障的话也将它详细记录）、修理费用等。最后盖上承办者的印章。

五、管理编号记录和便条

1. 管理的重点

办公设备管理卡的制作过程在前面已有详细说明，在办公设备的管理中，编号管理是重要事项。一般设备的编号都是以管理单位部门、购入日期、耐用年数等组合成的号码。编号的顺序大都按照管理单位部门的代码来编。

2. 利用便条纸作为分辨或区分

管理编号登记完毕后，就必须贴上便条纸。这也是管理项目中重要的一点。便条纸的底面有加工过的不干胶，一般是 1.5 厘米×4 厘米的大小，将管理编号数字记入便条中，再将便条纸贴在办公设备后面。

六、办公设备管理一览表

办公设备的管理编号手编完成并贴上管理区分用的便条纸后，就可以开始办公设备的管理手续。首先应制定办公设备（日常用具）管理一览表。

1. 总公司管理部门所使用的方法

（1）该表中所记录的设备和盘点设备对照，和办公设备管理卡价值的总计相同为目的而制作。

（2）该表中的办公设备若以电脑输入时，就以决算时的输出方式来制作。如果操作方式不是以计算机来输入时，整理时会非常麻烦，如有异动就需重新填写该表。

（3）未利用计算机处理的办公设备，如果进行处分，必须将该设备的管理卡盖上废弃印章，并在购入日期一栏中用红笔填写废弃日期。

2. 部门、分公司所使用的方法

（1）该表格和总公司的表格相同，它有两联（一联在盘点之后送交总公司，一联由管理部门保管）。

（2）决算时，将该表格中所列事项与整理过的（贴上便条纸）对照。对照完成之后，盖上审核印章交回总公司。

七、制定办公设备管理规则

1. 区分

设备必须分为事务设备和业务设备两种，其中事务设备可再详细以固定资产来划分，并以此基准来管理事务设备。

2. 卡（簿）的制作

依照种类的不同所分类出来的设备，其资料一定要详细记入“管理一览表”中，同时已有的“办公设备管理卡（簿）”也要一起妥善保管。它将成为健全的设备管理制度。设备的采购或交货手续尽量以规范化管理。设备库存在购买前需进行确认。

3. 检查

各部门在提出办公设备请购单前，必须检查请购单上的内容是否有误，并注意下列事项：

（1）购买的设备是否必需。

（2）设备采购之前，是否有代替品暂用。

（3）品质优良、交货迅速。

以上必须慎重判断。

4. 移动的规则

设备常因搬动而发生损坏，各设备管理部门必须依照规定移动。

以上是制订管理规则时应注意的事项。

第四讲　企业办公用品管理

【学 习 重 点】

◇ 企业办公用品的管理与使用。

◇ 企业办公用品的分类与购买。

◇ 企业办公用品的维护。

办公用品管理的主要任务在于置办、保管、分配以及维护单位管理所必需的办公用品。为了保证单位各项工作快速而有效地进行，要求用较低的费用迅速而及时地供给适当的办公用品。为配合办公用品的需要，行政主管有必要根据需要进行预测，实行存货管理，对新的办公用品进行调查研究并把握单位内的活动状况。

一、办公用品的分类

1. 日常用具

日常用具是指单位日常工作及业务操作所使用的家具、工具、器具等。例如规尺、剪刀、裁纸刀、订书机等。文具具体可分为：

(1) 绘图文具。

为使图表等文件制作快速且漂亮，所使用的文具应包括规尺、样板、剪刀、裁纸机、绘图用具等。

（2）计算工具。

日常办公工作除文件化外还有计算。单位所做的销售分析、投资分析、经营计划的制作、技术设计等都需要快速准确的计算，计算用具为电子计算器。作为长时间使用的业务计算用具，一般使用具备所必需的位数和计算功能稍大的电子计算器。

（3）通信用具。

日常业务中包括通信业务。通信工作使用电话、传真机等设备。使用时通过电话总机、内线、外线双方都可实现转送功能。

2. 办公设施附件

办公设施附件指的是为设施配置的物品。设施指办公室、会议室、招待室、图书室，培训室、复印室、计算机房、展示厅等。办公室内最基本的办公设施附件，有桌椅、文件框等，此外还有信箱、杂志架、布告牌、衣柜、挂外套的衣架等。

办公室设施附件有如下几种：

（1）办公桌。

办公桌需要每人一台。办公桌大多为木制品且附带有抽屉。

会议室及接待室等处使用深色的大桌子。桌子上附带有抽屉及摆放物品用的搁板等。办公自动化设备使用较多的事务所在位置工作站宜选用便于工作的办公桌。

一般工作站所使用的桌子呈 L 形。这可便于事务工作与办公自动化设备的操作同时进行。

（2）办公椅。

办公椅多种多样，有的有扶手，有的则没有。有扶手的椅子比较占空间。椅子关系到事务工作的坐姿，能左右事务工作者的疲劳程度。宜选用可以上下调节座高并可改变靠背角度的办公用椅。

（3）文件柜。

为了提高办公室事务工作的效率，需要放置文件柜。将文件放入做成桌子抽屉的文件柜时，需将文件纵向堆叠、文件的脊部横放。放入拉门式文件柜时，同书架一样，需让文件背部竖放。拉门式文件柜与书架一样保管活页封面及文件等都比较方便。抽屉式文件柜保管文件夹比较方便。

最好置备两种不同类型的文件柜。同时需要置备个人办公专用和放置单位公用文件夹的文件柜。

（4）信箱。

办公室里应有放置邮件及传阅资料等的信箱。信箱为抽屉式的收放箱。为防止泄密，信箱应有暗锁。

（5）杂志架。

放置杂志架以供阅览报纸、杂志用。杂志架上通常放置最新一期的杂志及报纸，旧杂志、旧报纸则可放在书架上。

（6）衣柜。

办公室所必需的办公设施附件要有供员工保管衣物的衣柜、挂外套的衣架、放伞的伞架、供应茶水或其他饮料的供给热水设备，丢弃垃圾的垃圾桶等。在选择这些用品时，应选择实用的。

（7）会议室、培训教室设施。

会议室、培训用的教室、放映幻灯片或投影的工作室需要白板、黑板、幕布等会议用的办公设施附件，以及麦克风及录像机等音像放映设备、听众用桌椅、讲演用的衣架等。

听众用桌椅需采用可以使听众在会议或培训期间保持心情舒畅、精神集中的样式。若使用接待室里的柔软的椅子，可能会使其过于松弛，坐姿不端正，造成精神无法集中。

（8）复印室设施。

复印室需要放置分类整理复印纸的保管箱，将文件用订书机装订并整理的工作台、保管原件及复印件的搁板、复印机的保养工具、药品柜、大垃圾箱等。这些东西最好是物美价廉的。

3. 易耗品

易耗品指的是会因使用而减少的物品。比如，办公用的铅笔、圆珠笔、钢笔、橡皮等笔记工具；公司信纸、方格纸、活页纸、复印纸、传票、留言条等纸张；打印纸等办公自动化易耗品；文件夹及活页封面归档用具等。

为提高事务工作的效率，并削减事务工作的成本，必须经常保管一定品质、适量的易耗品。其要求及类别如下：

（1）笔记用具。

笔记用具包括铅笔、钢笔、圆珠笔、签字笔、记号笔、黑板用粉笔、白板用水性万能黑水笔、用于会议活动挂图的油性万能墨水笔等，以及绘图铅笔、有色铅笔等。

（2）纸张。

①文件化用纸一般采用信纸大小的或画线的 A4、B5 纸。

②画图或制作图表时使用印有方格的纸张。

③会议使用无花纹的模造纸或印有方格的活动挂图。

④公司内部联络或各种申报需准备格式固定的专用纸张，例如出差费支付申请书之类。

⑤单位内简单联络使用留言条，包括电话留言等专用纸。

⑥整理文件或在会议上对议题进行分类时，经常使用的是拍纸。拍纸可以贴在其他物品上，又很容易撕下来，整理时使用很方便。

⑦复印纸有 A4、B4、B5、信纸大小的等。

（3）笔记本。

笔记本按不同主题分别制作，因此可以使用不同大小的笔记本，用来记录会议或培训等的内容。

（4）信封。

发送文件可使用单位内部信封和单位外部信封。信封有横写式、竖写式，大小不等，颜色各异。单位外部信封有社交用和贸易用两大类。单位内部应有邮件专用信封。

（5）保管文件用品。

文件夹、活页封面、透明文件袋、隔断用纸等是用于保管文件的易耗品。

（6）修正文件用品。

橡皮、修正液、修正纸带等是用于订正文件的易耗品，修正液用于修改圆珠笔的文字，修正纸带用于覆盖用万能墨水笔写在横写式纸上的文字。

（7）装订文件用品。

装订时使用的订书钉、鱼尾夹、回形针、胶水、双面胶等是用于对文件进行分类的易耗品。页数较少的文件用小号订书钉装订，报告书等数十页的文件用大号订书钉，更大的则用鱼尾夹装订。对文件进行隔离时可使用回形针。要将文件贴在衬底或其他文件上时使用胶水或双面胶。

二、办公用品的采购

1. 办公用品采购必备知识

办公用品通过购入置办。购置办公用品时必须首先决定购买何物和从何处购买的问题。作为单位行政主管，必须做到：

（1）掌握办公用品的有关知识。

（2）充分了解各个部门对办公用品的要求。

（3）要求办公用品负责人将单位全体共同使用的办公用品和特定部门用于特殊目的的办公用品分开。

2. 购入办公用品的具体要求

购入办公用品的具体要求如下：

（1）根据办公用品知识决定购入的办公用品。

①对市场上的办公用品进行调查，把握其性能、功能及价格。

②选择最适合单位的物件。

③应经常关注新产品，以便寻找符合单位要求的物品。

④应经常接触办公用品供应商以取得商品目录，或者经常参加展览会等。

（2）办公用品负责人提出购买要求，由购货负责人订货。

①购货负责人就购货处价格及交货期进行协商。

②购货处的选择由提出购买要求的办公用品负责人决定，或者由购货部门决定。

③同一物品存在多处购货处时，大多由购货部门决定购货处。

（3）办公用品负责人在制订购买计划时，必须决定购入数量与交货期。

制订计划时应认识到若购入数量过多，作为存货积压的物品会增多，从而导致资金无法有效地运用。购入数量过少则会造成库存中断，使业务停止。所以应做到：

①依据办公用品的需求计划和该年度的预算来决定购入数量和交货期。

②易耗品的供给工作应做到下一批物品在存货将尽前购入并到货。

③存货用完日期只需用现在的存货量除以每日计划需要量即可算出。

④要向订货处提出该物品快要用完时马上交货的要求。

⑤订货量可通过每日计划需要量乘以订货间隔天数算出。

三、办公用品的发放、使用与分配

1. 发放使用

对办公用品的发放管理，要建立正常的发放和使用制度。要严格掌握办公用品的发放范围，根据实际需要进行发放，避免浪费。对经费已经超支的部门，要限制领用。

方法与技巧

在办公用品领取和发放工作中，保管员要坚守工作岗位，服务要热情周到。对不符合领取规定的，要做好解释工作，使之能够理解。

（1）属于工作人员按惯例需用的办公用品，实行定期定量发放，各使用人自行领用并实施登记。

（2）属于工作人员非惯例使用的物品，应填报领物单或借用单，由主管人员审核批准，交保管人发放。领物单表格中应包括物品名称、请发数量、实发数量、用途、批准者、审核者和领物者等项目。

（3）保管人发放时，应备簿登记，每月统计一次，送主管人员查阅，使之了解单位办公用品消耗情况，改进工作。

2. 办公用品分配

办公用品的分配由办公用品负责人从其管理的保管库配用给各部门。分配的方法与要求如下：

（1）配用的办公用品放于各部门的办公用品保管柜。

（2）各部门的办公用品负责人应根据业务负责人的要求，从办公用品保管库中支给办公用品。

（3）物品为廉价的易耗品且大量使用时，使用人可根据所需从保管柜中任意拿取。比如，复印纸等就放在复印室的搁板上，使用人可随意取用。

（4）较贵的物品则由部门办公用品负责人放入带锁文件柜等保管箱进行保管，按工作要求配用。

（5）应算出各部门及人员办公用品使用量，同时与平均使用量进行比较并实行统一管理，从而达到削减成本的目的。

（6）办公用品使用量在与预算比较后实行统一管理。

①为避免办公用品的总体费用超过预算，办公用品需要按计划进行消费。

②即将超过预算时，应向各有关人员发出指示，提醒其节约使用办公用品。

（7）对办公用品进行整理整顿后加以保管并实行管理，以便随时迅速提供办公用品的保管箱和文件柜及带抽屉的收放箱等。

（8）大规模办公用品保管在带锁的专用保管库。保管库可对办公用品进行整顿后加以保管。

（9）应定期整理散乱的物品，按规定的形式摆放整齐并了解这些办公用品的余额。

（10）存货即将不足时，需向单位办公用品总管理员申请配用办公用品。

（11）昂贵办公用品的配用基本上按计划进行。例如：

①对光盘等使用业务范围及使用量做出计划并按计划配用。

②由何人因何工作配用给何人等要记在台账上。

③为不致丢失配用的办公用品，可将其保管于带锁的保管场所。

（12）归属于行政部门等处的办公用品管理员按照部门办公用品管理员提出的配用要求来配用。

①行政部办公用品管理员从购货处购入办公用品。

②负责人配用给各部门办公用品。

四、办公用品的保管与维护

办公用品的保管与维护，主要指办公用品的登记、收藏、分配、使用责任的签认以及盘点、交换和养护等，目的是保持办公用品的效能。

1. 设专人保管

办公用品的保管一般要设专门的库房和专人进行管理。

（1）保管员对采购员购入的办公用品，按照规格、数量、质量，认真验收、登记、上账、入库，精心保管。

（2）库房内的各种物品要摆放合理，并做到整齐、美观。

（3）要经常检查库房内的物品，防止损坏、变质、变形，并对存货量进行整理整顿以使其得到有效利用，以及进行修理以使其经常处于使用状态等。

（4）在保管工作中，要及时登记保管账卡，定期（季度或半年）清理库存，做到账物相符。保管员还要根据库存和需求情况，定期提出采购计划。

（5）在做计划时，要注意防止物资的积压，努力压缩库存，以节约资金。

对库房还要注意加强安全防范工作，经常进行安全检查，防止各种意外事故的发生。

2. 定期盘点

提高办公用品的利用率是办公用品负责人的责任。办公用品的利用率，是指办公用品的利用量与可能利用的存货量之比。

要提高办公用品的利用率，就必须防止办公用品的丢失破损，除满足单位办公的使用目的以外不作他用。同时，必须确认办公用品没有丢失和破损。而要达到这些目的，需对办公用品定期进行盘点，盘点方法为：

（1）调查易耗办公用品的存货量。定期使用“办公用品一览表”对存货量进行检查。

（2）在工作人员自由拿取办公用品的地方把握存货数值。与过去的存货进行比较，若数值过小，则需要调查大量使用的原因何在。

（3）若办公用品是由办公用品负责人进行配用的，则将存货量与账簿上的存货量作比较。

（4）办公用品负责人将办公用品的收支记在台账上，并努力使其与实际的存货量保持一致。

（5）办公用品若为日常用具和办公设施附件，则盘点时需要调查办公用品丢失和破坏状况，并且明确办公用品的管理负责人、使用部门等。

（6）为方便盘点，必须在各办公用品上贴上管理序号。

3. 进行整理

为了有效利用办公用品，需要对办公用品进行整理。

（1）各部门办公用品负责人必须使办公用品处于随时可供使用的状态。

（2）将使用与不使用的办公用品分开，并可将不使用的办公用品向上返还到特定场所。

（4）将物品放到特定的地方，并且摆放时要便于日后拿取。

4. 建立故障修理机制

办公用品的维护管理需要确立及早发现故障、进行修理的机制。

（1）要从使用者手中收取办公用品的使用报告，时常把握有关办公用品的信息。

（2）要制定一定的修理制度，以便发现故障时按故障程度及时与有关人员联系。

（3）当工作人员开始使用办公用品后，若初次发现办公用品有故障，要与办公用品负责人联系。

（4）对于可能给单位造成重大影响的，需要定期进行检查和保养以免发生故障。

（5）若有必要可事先准备替代品。

（6）为使工作人员有效利用特殊办公用品，必要时可由办公用品负责人给予指导。

第五讲　企业车辆管理

【学 习 重 点】

◇ 企业车辆管理的内容要点。

◇ 企业车辆的购买和维修。

◇ 车辆的清洁保养和事故处理。

车辆（汽车）是企业经营中不可或缺的交通工具，如果大意使用，或不知如何善用车辆，将会导致意外或损害的发生。为防止事故发生，日常必须严格实施车辆管理。

一、管理的对象

企业内部车辆的管理可依下列区别来分类：

（1）公司车，即公司以业务使用为目的、以公司名义购入的车辆。

（2）准公司车、租用车，即公司以业务使用为目的由外部租借的车辆。

（3）职员的工作用车，即职员以上下班、外出办理业务使用为目的，并以公司名义购入的车辆。

（4）职员私家车，即职员以上下班使用为目的，并以私人名义购入的车辆。

这些类别依公司的规模、行业、使用地域的不同会有很大的变化，但无论如何，和公司有关系的车辆，全部都为管理的对象。

二、管理的内容

车辆管理的内容包含以下内容：

（1）新车及二手车的购买、废弃处理等有关管理，包括供应商及车辆的异动、更换等。

（2）行驶管理，运行目的地以及运行预订表的制定。

（3）维护和修理，是否有定期性的安全检查，有安全隐患时应即时维修。

（4）有关车辆的损坏意外、保险契约等的加保状况管理。

三、企业车辆管理

1. 车辆管理方法

公司中的车辆管理，大都是由各车辆的驾驶人直接管理。车辆管理的承办者不管如何认真，如果没有驾驶人的配合，都无法确实管理。

因此，各公司的车辆管理，必然要对驾驶人施行严格管理。这包含对驾驶人进行教育、训练及制定相关规章制度。

2. 车辆行驶调度管理

有多辆业务用车的企业，一定要实施车辆的行驶调度管理。

力求管理的合理化，可在各部门设置管理责任者，以部门为单位来实施管理。亦即总务部主要以来访贵宾以及访客的迎送为中心来进行管理，业务部则以业务联络用车来进行管理，所以车辆管理的责任也依工作内容的不同而有所不同。

方法与技巧

有些公司没有业务用的自用车，而以租车方式来处理。此种情形也是车辆管理的对象。由于租用时间有限，因而需更进一步加强行驶管理。

3. 车辆购入

车辆管理之中，车辆的购入是以固定资产的取得方式来处理的，要遵从企业的固定资产取得计划。

另外，由于本项购入为固定资产，必须慎重选择和处理。因此在取得时，必须进行市场调查，购买最适合业务使用的车辆。

4. 驾驶者的录用

车辆管理之中，最重要也最需注意的是驾驶人的管理。其中最重要的是驾驶人的录用，因为聘用欠缺管理能力的驾驶人会引起交通事故等意外的发生，会使管理工作变得很麻烦。

5. 自用车、私家车业务的使用

职员在自用车业务使用时，必须留意下列事项：

（1）通常以职员的自用车作为公司业务来使用并不好，如遇有公司所属车辆不足时，最好借用公司外部车辆，并且应明确借用期限及借用金额。

（2）负责业务的员工可依业务使用，但应向公司申请使用许可，由本人、直属上司向总务经理或人事经理提出申请。

（3）有时必须长期借用业务车，那么，交付业务使用许可证在使用时必须随身携带。

四、车辆管理操作要点

1. 制作车辆管理簿

在具体推动车辆管理的时候，首先必须制作车辆管理簿。这个如同设备管理簿，相当于车辆的诊断记录，是车辆管理必不可少的。

车辆管理簿的形式，基本上和设备管理簿一样，不同之处在于车辆上贴上“公共车辆登记号码”，比起公司内的管理号码更为重要。

另外，在实际的管理中，要准备管理簿副本交给使用者，依此做检查、修理记录，并加以管理。

2. 记载运行日记

为彻底实行车辆管理，行驶日记的记录也是管理上的重点。

行驶日记是由车辆驾驶人来记录行驶的次数，此外在记录后，向所属主管提出接受检核、指示，此时，有关行驶中的事故以及故障，应马上记录、报告，并遵守指示。

五、新车辆的购入管理

1. 订购车辆

有关新车的供应商（厂牌）和新车种的选定，及购入金额等各条件的交涉都是购入工作的重要部分。

关于供应商的选定，如果有过去公司购车的记录，可查看这些可来往的厂商。但现今车辆销售竞争很激烈，在购入之前应该多考虑几家公司，参观其现场摆设车种，再决定购入的车种。

在决定后要与厂商交涉价格及附带条件，并签订合同。

2. 交车

（1）在接受交车时，除仔细听取操作说明外，还要实施行驶测试。

（2）交车时必须仔细地检查车体。如外部是否有伤痕、凹凸、不平等。另外，此时也应确认附属用品的内容。

（3）结束通盘的检查时，检校车台号码（车辆制造号码）以及行车执照号码和汽车检查证明、引擎号码（将引擎盖打开后可以看到，若不知道时，可以询问交车的业务员）。

3. 交车后的管理

作为交车后的管理，必须要实施的事项有：

(1) 依汽车行车执照以及买卖合约设立车辆管理卡。

(2) 将车辆交给使用部门时，需将车辆管理卡的复印件和汽车使用执照一并交给使用部门，并由使用部门负责。

(3) 交车时将送货单交给受领者签字，并将清款单送交会计或财务部办理付款。

(4) 编制支出或转账支票付款时，以固定资产——交通（或运输）设备科目处理。

(5) 交车后大约一个月，行驶距离约 5 000 km 时，向使用主管部门报告有关交车车辆是否有缺点。

六、车辆的换新和报废

1. 车辆的换新

因车辆长时间使用后会发生各种故障，车辆管理的换新和报废也是车辆管理的重要工作事项。

以耐用年数及行驶距离来判断购换新车之时，应于每年预算时一并计算。届时，由使用部门提出换新申请，并办理采购手续。同时，将旧车申请报废，其手续依税法规定办理。

2. 换新交涉要点

使用部门提出换新申请时，公司主管部门应商讨其必要性并评核其新车购置，再和厂商进行换新的交涉。

(1) 首先确认换新车的预算政策。一般企业对于在期中需要支出的金额排在期初预算，但是也会有遗漏的情形。此时申请追加预算额，由公司主管部门向财务部提出，这是车辆管理中的重要事项。

(2) 旧车换新车，需提供购买新车的金额。另外，要确认和定价的差额。若差异太大时，必须要考虑购入时的有利因素，以进行交涉。

(3) 在换车之时，旧车的购买厂商是交涉的第一顺位，但也必须参考使用者的意见。具体可依情形而定，也可和其他厂商交涉。

(4) 在换车的交涉中，旧车的管理账卡以及行驶日记是非常重要的参考。

换车前要先调查，并有效地使用。

3. 交车时的检查重点

换车、购入的交涉结果是买卖双方同意，其次为交车。有关交车时应该留意的管理事务，说明如下。

（1）交车。

换车和新购入车在交车时的处理和订购时相同，但旧车的转让要特别留意。留意事项有：

①转让时要检查车辆内外，进行清扫，不要的物品也一并清除才交给对方。

②移交后需要过户，并将车籍资料（证件）及纳税、保险文件等一并交付。

③剩余保险部分可转移至新车，一般大多以此方法处理。

（2）制作新的管理卡并取消转让车辆管理卡。

①制作新的管理卡，而旧车的管理卡至少在报废后保存两年。

②不要忘记取消计算机记录。

（3）账上价格和交易价格发生差异之时，如果账上价格较大，差异为其他收益，相反则为其他损失处理。

七、车辆的检查、整备与清扫

车辆管理中比较容易疏忽和遗忘的是车辆的检查、整备、清扫等。当车子较新时，或许常常做清扫检查，但过了两三年则有可能渐渐忽略。因而，应规定驾驶员除专门的驾驶外，也应负责按规定进行车辆清扫或检查。

八、车辆事故的预防和处理

1. 车辆保险

在车辆管理规则中加入保险项目，是因为它是绝对不可缺少的管理项目。

汽车的保险制度可以使驾驶人比较安心。保险附加业务在车辆管理中有其必要性。具体来说，检查投保内容、条件限制、赔偿金额、保险日期、有效期间以及车辆事故处理等。

（1）在车辆购入时有强制性而又必须加入的保险。正式来说，称之为“汽车损害赔偿责任保险”，驾驶人员在行车时，一定要随身携带此保险卡。

（2）有关保险金额，依汽车损害赔偿责任保险法规的规定而定。

（3）一般汽车保险契约大致分为三种：车辆本身的损害保险、对人赔偿保险、对物赔偿保险，其中对人赔偿保险最重要。

2. 人身事故的处理

当有人身伤亡事故发生时，请依下列提示处理：

（1）马上联络救护车。救护车到达之前，将受伤者移至安全场所，避免二次伤害，尽可能保持镇静。

（2）常常会有人将受伤者搬入自己的车辆，切记绝对不要如此处理。

（3）救护车到达时，将受伤者安全送上车，并确认将到何处医院（大多已取得联络），其后交给救护人员即可。

（4）联络救护车的同时也联络交警及保险公司，交警到达后，实施现场的取证，应全力配合其作业。

（5）警察人员取证作业完毕后，直接前往医院，探望受伤者，并向受伤者询问住址、电话，速与其家属联络。

（6）有关事故发生当时的情形，不要忘记并详细记录。

以上是人身事故发生时当场处置的情形。但事故的轻重不同，其应对也不同。若有人身事故，医院、警察、保险公司三者加入是无法避免的。特别是有伤亡发生时，交由保险公司来处理较适合，但是最初需有诚意地探访伤亡者，交涉则由保险公司直接向对方传达。

3. 财物损害的处理

依财物遭损害的情形来处理。

（1）事故发生后至警察到达现场前，尽可能保护事故现场。但如果事故现场狭窄，容易引起交通障碍而不太可能被保存时，设法请现场第三者一同采录现场状况，详细记录并疏导车辆以便通行。

（2）若有相机，则将事故现场拍摄下来。

（3）尽快和警察、保险公司及被伤害者家属联络。

（4）交警调查完毕后，同被伤害者的交涉尽可能交由保险公司来处理。

4. 车辆事故对策

车辆之间的接触事故，作以下的处理：

（1）若有人员受伤的情形，马上安排救护车。同时与交警联络，并作现场取证。

（2）若有相机则对现场拍照，而无相机时，应详细记录事故现场状况。

（3）裁定交涉由保险公司负责。

（4）事故中的车辆若有违反交通法规的原因，而且此原因日后会左右判定，并影响裁定的结果。那么，警察制作调查记录时，应慎重地对答。

思考与练习

一、术语解释

1. 购零资金

2. 倒班宿舍

二、选择题

1. 要搞好食堂管理，需从（　　）环节入手。

A. 保证饮食质量　　B. 改善服务态度

C. 搞好饮食卫生　　D. 搞好成本核算

2. 在食堂的财务管理中，（　　）是由单位福利费用无偿提供的物资形态。

A. 固定资金　　B. 流动资金

C. 专用资金　　D. 其他

3. 设备卡片登记的要求是（　　）。

A. 管理编号　　B. 完全名称

C. 购入厂商　　D. 价格

E. 购入日期

4. 职员以上下班使用为目的，并以公司名义购入的车辆属于（　　）。

A. 公司车　　B. 准公司车

C. 职员的自用车　　D. 职员私家车

三、填空题

1. 规模小的食堂一般配有管理员、________、________、________等。

2. 保管和修理记录登记的内容有________、________、________、修理费用等。

3. 办公用品管理的主要任务在于________、________、________以及维护单位管理所必需的办公用品。

4. 一般汽车保险契约大致分为________、________、________。

四、思考题

1. 如何做好食堂财务管理?

2. 企业办公设备管理要点是什么?

参考答案:

一、术语解释

1. 购零资金是指食堂采购人员在农贸市场上不超限定金额直接付给出售人员的货款。

2. “倒班宿舍”是为帮助那些在家得不到正常休息和睡眠或离工作单位较远的员工而准备的。

二、选择题

1. ABCD　2. A　3. ABCD　4. C

三、填空题

1. 厨师、厨工、服务员

2. 修理日期、修理地方、原因

3. 置办、保管、分配

4. 车辆本身的损害保险、对人赔偿保险、对物赔偿保险

四、思考题

(略)

第九单元

企业行政管理制度

第一讲　后勤管理制度

【学习重点】

◇ 企业设备用品和车辆管理制度。

◇ 企业员工管理制度。

◇ 企业后勤管理表单。

一、设备用品管理制度

设备用品管理制度是为了统一企业办公设备的采购与供应，使办公设备得到充分的利用，以及有效地保全与维护设备，对办公设备进行管理而制定的制度。

【范本1】

办公设备管理规定

第一条　目的

为了统一公司办公设备的采购与供应，并使办公设备得到充分的利用，以及有效地保全与维护设备，特制定本规定，对办公设备进行管理。

第二条　对象

本规定所指办公设备，主要内容与项目已经被列入“办公设备管理编号表”之中。

凡未被列入编号表中的新购进设备，应经各部门负责人认定，纳入本规定范围进行管理。

第三条 管理事务担当者

办公设备统一归各部门负责人管理，各部门负责人可以选拔一名职员，负责办公设备的管理事务。

第四条 保管责任者

办公设备的保管责任者原则上根据设备种类划分，分别为公司××部门、×××经理。

保管责任者必须经常与管理事务担当者联系与沟通，必要时以文件形式把联系与答复事项记录下来。

各部门负责人必须向公司报告管理事务担当者的选拔、任命与解任情况。

第五条 账簿

设立办公设备管理台账，对办公设备的购入、供应与移交进行登记。在各部门设置办公设备管理卡，由管理事务担当者依据保管责任者的“设备联络文件”进行填写。

第六条 办公设备的申请

保管责任者需要购买办公设备时，需经过部门负责人向公司办公室提出申请。

第七条 办公设备的购买

公司办公室经过审查，认为有必要的话，在申请书中注明办公室的意见上报总经理决策，然后指示采购部门按质、按量、按期进行购买，供应给申请者。

专用办公设备的购买，由各部门负责人在自己的职责范围内做出决定。

第八条 报告

各部门办公设备管理事务担当者必须对设备变动的实际情况进行记录与整理，向公司办公室做出书面报告。

1. 根据公司保管责任者的联络文件，填写设备记录簿；于每月15日，再按记录簿内容，填写办公设备管理卡。

2. 每年1月、6月、9月、12月的15日，根据办公设备管理卡起草“设备变动报告书”，报送公司办公室。

3. 把来自公司的“设备联络文件”与设备管理卡进行核对，并在联络文件上加盖印章，保存一年。

第九条 监督与检查

公司办公室根据购买与移交设备的有关文件资料，对各部门保管的办公设备可能已经发生变化的情况进行检查，确认变化的设备状况，具体规程如下：

1. 根据各部门上报的财务日报、经营日报以及报送公司的各种报告与设备申请书，填写“设备变动联络（征询）书”。

2. 与设备管理台账进行核对，经行政经理审核，向各部门送发。

3. 各部门接到“设备变动联络书”之后，立即对变动状况做出调查，之后向办公室报送“设备变动报告书”。

4. 办公室依据报告书，在设备管理台账上做好登记，并在报告书上加盖印章，保存一年。

第十条 保管者报告

保管责任者一旦发现保管中的设备丢失与破损，应立即向主管部门负责人做出报告，按部门负责人指示行事。在必要情况下，由部门负责人直接向公司做出报告。

如果因顾客或员工的过失，造成设备的丢失与损坏，应视情节的轻重要求赔偿。

第十一条 报废处理

设备的报废，必须按固定资产报废的程序进行。

第十二条 设备明细表

保管责任者必须一年一度按公司指定的日期对保管中的现有办公设备进行统计调查，并对照管理卡，编制“办公设备明细表”，一式两份，一份上报公司，一份自己留存。

第十三条 核对台账

公司办公室依据明细表与设备管理台账进行核对；在特殊情况下，还必须与固定资产台账进行核对。

第十四条　注销管理卡

办公设备管理卡所有空余栏目用完，该管理卡就必须注销，上缴公司办公室存档一年。

第十五条　更正

如果报告书或联络书在填写中出错，必须送回报告书或联络书的填写者，进行更正。

【范本2】

办公用品发放规定

第一条　公司为规范办公用品的发放工作，特制定本规定。

第二条　公司各部门应本着节约的原则领取、使用办公用品。

第三条　各部门需指定专人管理办公用品。

第四条　各部门应于每月××日前将下月所需办公用品报公司办公室。公司办公室于每月×日前一次性发放各部门所需办公用品。

第五条　采购人员需根据计划需要采购，保证供应。

第六条　办公用品入库和发放应及时记账，做到账物相符。

第七条　任何人未经允许不得进入办公用品库房，不得挪用办公用品及其他物资。库房要做到类别清楚、码放整齐。

第八条　应加强库房管理和消防工作，防止失窃、失火。

【范本3】

办公消耗品管理细则

第一条　公司为加强对办公消耗品的管理，特制定本规定。

第二条　办公消耗品是指文具、纸张、账本及其他印刷物品。

第三条　办公消耗品一年的消耗限额为×万元，各部门及有关人员必须节约使用，避免浪费。

第四条　办公消耗品的购买与管理，由公司办公室负责，下设保管员处理领用事务。

第五条　公司办公室必须把握消耗品在正常情况下的每月平均消耗量以及

各种消耗品的市场价格、消耗品的最佳采购日期。在此基础上，确定采购量与采购时间，以最小的采购量，满足日常事务运营对消耗品的基本需求。

第六条 对于特殊场合所用的特殊办公用品，使用部门必须先提出书面申请，公司办公室据此进行必要的调查后决定是否准予采购。如果一次采购价格总额超过×万元时，需经该部门主管同意，必要时请示总经理。

第七条 在订制各种清单时，如果需要改动原格式或者重新设计新格式，使用部门的主管必须起草正式文件或方案，若有相关部门，则需要一式多份，然后将这些材料送至公司办公室，并附上委托订制或订购申请单。之后，经公司办公室在其责权范围内，审核新格式是否合适，订购数量是否合适，以及新格式的适用性与时效性等。如果通过审核，还必须就是由本公司自行复制或复印，还是委托外部进行印刷等问题，与申请部门进一步协商。

第八条 向公司办公室领取办公消耗品时，必须填写申请书，写明申请时间、使用部门名称以及物品名称与数量。同时，申请者及其部门主管必须加盖印章或签字。另外，特殊办公消耗品的申请，必须填写用途。

第九条 局部使用或特殊用途的清单票据的订购与领用，统一由公司办公室调控与管理，使用部门或申请者必须按特殊的程序提出申请。

第十条 公司办公室必须在填写办公消耗品购进登记簿的基础上，对照各申请采购传票，在每月末进行统计，向总经理做出报告。

【范本 4】

文具用品管理细则

第一条 公司为使办公文具用品管理规范化，特制定本细则。

第二条 本细则所称办公文具分为消耗品、管理消耗品及管理品三种。

1. 消耗品：铅笔、裁纸刀、胶水、胶带、大头针、图钉、笔记本、复写纸、卷宗、标签、便条纸、信纸、橡皮擦、夹子等。

2. 管理消耗品：签字笔、荧光笔、修正液、电池、直线纸等。

3. 管理品：剪刀、美工刀、订书机、打孔机、钢笔、打码机、姓名章、日期章、日期戳、计算器、印泥等。

第三条 文具用品分为个人领用与部门领用两种。个人领用指个人使用保管用品，如圆珠笔、橡皮擦、直尺等。部门领用指由部门共同使用用品，如打孔机、订书机、打码机等。

第四条 消耗品可依据历史记录（如过去半年耗用平均数）、经验法则（估计消耗时间）设定领用管理基数（如圆珠笔每月每人发放一支），并可随部门或人员的工作状况调整发放时间。

第五条 消耗品应限定人员使用，自第三次发放起，必须以旧品替换新品，但纯消耗品（如纸张）不在此限。

第六条 管理品移交如有故障或损坏，应以旧换新，如遗失应由个人或部门赔偿、自购。

第七条 文具的申请应于每月××日由各部门提出“文具用品申请单”交管理部统一采购，并于次月×日发放，但管理性文具的申请不受上述时间限制。

第八条 各部门设立“文具用品领用记录卡”，由公司办公宣统一保管，在文具领用时用作登录使用，并控制文具领用状况。

第九条 文具严禁带出私用。

第十条 文具用品一般由公司办公室安排向文具批发商采购，其中采购必需品、不易或耗用量大的物品应酌量库存，公司办公室无法采购的特殊文具，可以经公司办公室同意，授权各部门自行采购。

第十一条 新进人员到职时由各部门提出文具申请单向公司办公室领取文具，并列入领用卡；人员离职时，应将文具一并交回公司办公室。

【范本5】

印章管理办法

第一章 总 则

第一条 印章是公司经营治理活动中行使职权的重要凭证和工具，印章的治理，关系到公司正常的经营治理活动的开展，甚至影响到公司的生存和发展，为防止不必要事件的发生，维护公司的利益，制定本办法。

第二条 公司总经理授权由办公室全面负责公司的印章治理工作，发放、回收印章，监督印章地保管和使用。

第二章　印章的领取和保管

第三条　公司各类印章由各级和各岗位专人依职权领取并保管。

第四条　印章必须由各保管人妥善保管，不得转借他人。

第五条　公司建立印章治理卡，专人领取和归还印章情况在卡上予以记录。

第六条　印章持有情况纳入员工离职时移交工作的一部分，如员工持有公司印章，需办理归还印章手续后方可办理离职手续。

第三章　印章的使用

第七条　公司各级人员使用印章需按要求填写印章使用单，将其与所需印的文件一并逐级上报，经公司有关人员审核。

第八条　经有关人员审核，并最终由具有该印章使用决定权的人员批准后方可交印章保管人盖章。

第九条　印章保管人应对文件内容和印章使用单上载明的签署情况予以核对，经核对无误的方可盖章。

第十条　在逐级审核过程中被否决的，该文件予以退回。

第十一条　公司总经理对公司所有的印章的使用拥有绝对的决定权。

第十二条　涉及法律等重要事项需使用印章的，需依有关规定经法律顾问审核签字。

第十三条　财务人员依日常的权限及常规工作内容自行使用财务印章无须经上述程序。

第十四条　用印后该印章使用单作为用印凭据由印章保管人留存，定期整理后交办公室归档。

第十五条　印章原则上不许带出公司，确因工作需要将印章带出使用的，应事先填写印章使用单，载明事项，经公司总经理批准后由两人以上共同携带使用。

第十六条　公章的使用决定权归公司总经理，其他各印章的使用决定权由公司总经理根据实际工作需要进行授权。

第四章 责 任

第十七条 印章保管人必须妥善保管印章，如有遗失，必须及时向公司办公室报告。

第十八条 任何人员必须严格依照本办法规定程序使用印章，未经本办法规定的程序，不得擅自使用。

第十九条 违反本办法的规定，给公司造成损失的，由公司对违纪者予以行政处分，造成严重损失或情节严重的，移送有关机关处理。

第五章 附 则

第二十一条 本办法解释权归公司总经理。

二、车辆管理制度

车辆管理制度是为了让行政主管规范企业的车辆管理时，能够有章可循而制定的制度。

【范本 1】

车辆管理办法

第一条 为使车辆的管理统一合理化及有效使用各种车辆，特制定本办法。

第二条 适用范围为私有汽车、机车使用于公务，公有汽车、机车私用及其他车辆的管理。

第三条 驾驶人员的雇用、解雇、奖惩、调动等均依本公司人员管理规章处理。

第四条 公务用汽、机车及堆高机的申购，依请购办法处理。

第五条 车辆管理单位为总务处，其职责如下：

1. 对采购的公有车辆指定专人保管。

2. 对公有车籍资料统一保管并列册管理，以确保产权，但行车执照及保险卡由使用人或驾驶人随车携带。

3. 每月至少一次抽查各车辆行驶记录表，若有不实记载应予以纠正并呈报。

4. 提醒公有车辆保管人按时接受车检及保养。

5. 办理公有车辆异动手续及换发证照事宜。

6. 处理公有车辆保养事宜。

7. 处理公有车辆保险事宜。

第六条 对驾驶人相关规定：

1. 需据实填写行车记录表。

2. 核对里程数与记录表是否相符，若有不符应报告车管单位查明。

3. 对车辆做基本的行前检查（包括水箱、油量、机油、刹车油、电瓶液、轮胎、车灯、方向灯、外观等），若有异常状况应即刻反映，否则遭损应自行负责。

4. 用毕后停放于适当地点，若停放不当而致车辆受损或遭罚款应自行负责。

5. 大货车、大客车驾驶员必须合法取得执照一年以上，小货车、小客车驾驶员必须合法取得执照半年以上，并都有实际驾驶经验半年以上。方可担任驾驶；堆高机驾驶需取得合格证书后方可担任。

6. 无照驾驶一律开除，并自行承担后果及责任。

7. 除执勤中，路边停车违规罚款经说明后准付外，所有违规罚款一律自行缴纳。

8. 驾驶人用车不当而致车辆发生故障或受损，其维修费用自行负担。

第七条 对公有车辆保管人相关规定：

1. 按时到指定地点接受车检，否则自行负担受处分的罚款费用。

2. 依保养手册按时到公司指定地点保养车辆。

3. 因保管的疏忽而致车辆受损，所产生的费用自行负担。

第八条 除经理（含）以上人员的公务车外，所有公有车非经在“使用申请单”上批准不得开回家。

第九条　员工所拥有的私人汽车、机车，应填写“车辆使用同意书”，以免私车公用的油费、保养费不被税务机关认定。

第十条　车辆管理相关规定（见表9—1、表9—2）。

表9—1　　　　　　　　　公有车辆管理相关规定

车辆状况 事件状况	汽车		机车	
	公车	私出	公出	私出
车辆调拨	非特定用途各单位因故需要调派车辆需填“车辆使用申请单”，交车管单位派车，否则不得出车			
行驶记录表	除经理（含）以上人员自开轿车外，所有驾驶人一律填写“车辆行驶记录表”备查			
车损赔偿	1. 扣除理赔金，不足部分公司负担 2. 必要时追究责任	1. 扣除理赔金，不足部分使用人负担 2. 必要时追究责任	同汽车公出	同汽车私出
报废、失窃处理	1. 公司负担损失 2. 有悬赏金发生时，公司负担 3. 必要时追究责任	1. 损失由当事人负担 2. 有悬赏金发生时，由当事人负担 3. 必要时追究责任	同汽车公出	同汽车私出
油费	公司负担	加至原油量	公司负担	加至原油量
保养费	公司负担			
保险费	1. 保全险 2. 公司全额支付担保费		1. 依有关法规办理 2. 公司全额支付担保费	
折旧	会计部门依税法规定摊提			
税费	公司全额负担			
备注	1. 资产报废由总务单位填“资产报废单”处理 2. 公有车辆不得借予非公司员工私用			
	所有油费、保养费的发票上需载明公司统一编号、车号，方可请领费用			

表 9—2　　　　　　　　私有车辆管理相关规定

<table>
<tr><th rowspan="2">车辆状况
事件状况</th><th>汽车</th><th>机车</th><th>汽车</th><th>机车</th></tr>
<tr><th colspan="2">偶尔公用</th><th colspan="2">外勤人员</th></tr>
<tr><td>车辆调拨</td><td colspan="2">1. 填写“私车公出核准申请书”授权由经理（含）以上主管，核准后方可派车使用
2. 未核准使用，其所发生费用不得申请</td><td colspan="2">1. 填写“私车公出核准申请书”经经理以上主管核准后方可私车公用
2. 未经核准不得请领每月固定的私车公用补助款</td></tr>
<tr><td>行驶记录表</td><td colspan="2">事后于“私车公出核准申请书”上填入实际里程数，以便申请油费补助</td><td colspan="2">—</td></tr>
<tr><td>车损赔偿</td><td colspan="2">1. 扣除理赔金，不足部分由公司负担
2. 必要时追究责任</td><td colspan="2"></td></tr>
<tr><td>报废、失窃处理</td><td colspan="2">1. 公司负担损失
2. 有悬赏金发生时，由公司负担
3. 必要时追究责任</td><td colspan="2"></td></tr>
<tr><td>油费</td><td>公司补贴油费每公里：
1. 市区 3.5 元
2. 郊区 3 元</td><td>公司补贴油费不论区域每公里 1 元</td><td colspan="2" rowspan="2">1. 经理以上主管核定每月固定补助金额后，外勤人员每月以该金额以上的油费、保养费发票向出纳单位请领，否则列入薪资论处
2. 因调职而不再是外勤人员时不得再请领本补助款</td></tr>
<tr><td>保养费</td><td>—</td><td>—</td></tr>
<tr><td>保险费</td><td>—</td><td>—</td><td>—</td><td>—</td></tr>
<tr><td>折旧</td><td>—</td><td>—</td><td>—</td><td>—</td></tr>
<tr><td>税费</td><td>—</td><td>—</td><td>—</td><td>—</td></tr>
<tr><td rowspan="2">备注</td><td colspan="2">1. 公司赔偿车损范围限公务执勤中
2. 一次行驶 30 公里以内者为市区，30 公里以外者为郊区
3. 申报油费必须缴交油单收据，否则不得申报</td><td colspan="2">1. 必须每天外出者视为外勤人员
2. 公司赔偿车损范围限公务执勤
3. 尽量不调拨使用个人汽车、机车</td></tr>
<tr><td colspan="4">所有油费、保养费的发票上需载明公司统一编号、车号，方可请领费用</td></tr>
</table>

第十一条 车辆发生意外事件的处理专案讨论。

第十二条 车辆失窃若有虚伪欺诈事实则要处罚并按法律规定处理。

第十三条 车辆保养维修应到指定地点实施，否则费用不得申请，但情况特殊的不在此限。可自行修护的可购料自行更换。

第十四条 车辆使用中发生特殊情况时应随时与公司主管单位联系，并做适当处置（如报警、通知保险公司等）。

第十五条 本办法经核准后实施，修正亦同。

【范本 2】

车辆保管制度

第一条 爱护保养好车辆，是每个司机应尽的职责。

第二条 车辆保修由司机先报告项目，经批准后方能送修（特殊情况除外）。

第三条 公司车辆定厂修理，在确定维修项目，确定维修价格时，必须由司机和车队长同时参与，并同时签名，方能予以报销，并列入备车费用。

第四条 车辆维修期间，司机列入考勤，并跟车进厂督促修理。

第五条 客车夜间停放在员工宿舍，其他车辆一律停放在公司停车场（特殊情况除外）。

第六条 驾驶人员调休，由队长安排专门司机代班，为确保安全，司机之间不得互相调换车辆驾驶。

【范本 3】

用车规定

第一条 为了更好地保障公司业务工作顺利开展，由办公室统一管理安排公司正常的业务用车（独立核算的子公司除外）。

第二条 首先保证公司领导和各部门领导日常工作和外事活动用车，其次是普通员工。原则上不提供私人用车，如遇特殊情况需经办公室领导批准方可使用。

第三条 用车必须提前一天填写用车申请单，在时间冲突时，由办公室按任务的轻重缓急统一调整安排。除特殊情况一般不安排临时用车。

第四条 用车人应爱护车内设施，保持车内卫生，上下车时注意交通安全。

第五条 出市区执行任务需经公司领导批准。

第六条 各部门用车按 1.50 元/公里核算，由财务室摊入各部门经营成本。

【范本 4】

车辆肇事处理办法

第一章 总 则

第一条 本公司车辆肇事除法令规定外，悉依本办法处理。

第二条 下列各款均为肇事：

1. 汽车（机车）相撞或与他种车辆相撞，致双方或一方有损害伤亡的。

2. 汽车（机车）撞及人畜、路旁建筑物及其他物品，致有损害伤亡的。

3. 汽车（机车）行驶失慎倾倒，或他人故意置障碍物于路中，因撞及或倾翻，致人或车辆有伤亡损害的。

4. 汽车（机车）行驶遭受意外的事故，如公路、桥梁、涵洞、隧道突然崩塌、损坏致人或车辆有伤亡损害的。

第三条 本办法所称损害，包括足以致本公司遭受任何的轻微损失及请求保险理赔。

第四条 肇事后应迅速以电话通知公司并在两天内以书面请求理赔及填汽车肇事报告表呈报部门经理处；若车辆有较大的损害，人员有严重伤亡时，则应通知总务部或人事部协助处理。

第二章 肇事的处理

第五条 肇事时：

1. 总务部接获肇事通知时，应立即向部门经理报告，并迅速往肇事地点查勘处理。

2. 应先急救伤患，而后勘查现场。

3. 尽量寻觅目睹肇事的第三者作证，并记明姓名住址。

第六条　肇事报告表应填下列事项，勘查现场时尤应注意：

1. 肇事地点、时间、气候。

2. 肇事原因（研究现场影响肇事因素：动与静的状态及车辆和行人进行的方向与位置等情形）。

3. 肇事车号（包括对方车）。

4. 驾驶员（包括对方车）姓名住址。

5. 损害情形（包括对方车及乘客财产的损失）。

6. 伤亡人员姓名、地址及伤亡原因与情形和救护的方法。

7. 现场图的绘制及摄影（测量肇事车长、车宽及其轮位与路面各点、线边和刹车痕长度同遗落在现场的各种碎片、尘土及血迹物等正确的位置与距离）。

第七条　本公司汽车肇事责任，由本公司召开会议鉴定，开会时应提前通知该案肇事驾驶员列席，亦可藉以申办。

第三章　肇事过失的处分

第八条　肇事驾驶员除负责刑事民事责任，违章处分、外出过失的处分依本章规定办理。

第九条　经本公司鉴定其应负肇事责任者按其肇事理赔次数，依下列规定予以过失处分。

1. 一次理赔总数5 000元以下，申诫一次、申诫两次、记过一次、记过两次。记大过一次取消开车资格（一年内）。

2. 一次理赔总数5 000元以上至10 000元以下，记大过一次并取消开车资格（两年内）。

3. 一次理赔总数10 000元以上至60 000元以下，记大过一次并取消开车资格（三年内）。

4. 一次理赔总数60 000元以上，记大过一次并取消开车资格。

第十条　肇事后经法院判决缓刑者，准予留用；经判决徒刑者，自判决之日起予以解聘，并令其赔偿肇事应付的金额。

第十一条 肇事后畏罪潜逃者，除配合司法机关缉办外，即予解聘。

第十二条 因违反第九条规定而取消开车资格者，若其后两年间表现良好可恢复其开车资格。

第四章 肇事赔偿

第十三条 行车肇事责任判明后，如当事双方愿意和解，需当场查明损害赔偿，依下列规定分别处理：

1. 责任属于对方车辆或行人的过失，保险公司概不负赔偿之责。

2. 肇事责任属于公司驾驶员的过失，其赔偿款项由保险公司负担；但若肇事赔偿金额超过保险金额时，其超过金额须由该车辆使用人负担。

3. 肇事责任属于公司驾驶员与对方驾驶员或第三者共同过失的，按各方应负责任之比率分担，其损害赔偿照前款办理。

4. 肇事后对方车辆逃逸能制止而未制止，或对方车号能注意而未注意，致使肇事责任无从判明或追究者，所造成的损害赔偿，由肇事驾驶员负责，照本条第二款办理。

第五章 附　　则

第十四条 本办法自发布之日起实施。

第十五条 本办法如有未尽事宜，可随时修改。

三、员工管理制度

员工管理制度是为了让行政主管对员工的衣、食、住等方面进行管理时，有据可查所制定的制度。

【范本 1】

××酒店员工就餐管理方案

一、就餐秩序

1. 员工食堂每日供应三餐，根据酒店实际情况，制定用餐时间。

2. 酒店员工进入食堂就餐一律要挂工号牌，凭餐卡打饭。

3. 就餐人员进入食堂后，必须排队打饭，不许插队，不许替他人打饭。

二、用餐注意事项

1. 就餐人员必须按自己吃饭的食量盛饭打汤，不许故意造成浪费。

2. 员工用餐后的餐具放到食堂指定地点。

3. 食堂内不准抽烟，不准随地吐痰，不准大声起哄、吵闹，做到文明用餐。

4. 在食堂用餐人员一律服从食堂管理和监督，爱护公物、餐具，讲究道德。

5. 就餐人员不准把餐具拿出食堂或带回办公室占为己有。

三、违规处理

违反以上规定者，就餐中心有权报人力资源部给予罚款处理，从当月浮动工资中扣除。情节严重者和屡教不改者，给予行政处分或除名。

四、工作餐

1. 食堂要求

(1) 食堂为酒店所有员工免费提供早、中、晚三餐工作餐，要求在规定的开餐时间内保证供应，使员工在岗位上能保持良好的工作情绪。

(2) 食堂拟定每周食谱，尽量使一星期内每日饭菜不重样，按食谱做好充足的准备。饭菜要讲究色、香、味，严格操作规程。

2. 工作人员要求

食堂工作人员热情、礼貌地接待员工就餐，负责人在入口处对员工餐卡加盖就餐戳记。

3. 工作餐供应

(1) 食堂负责为每位员工提供餐具，用餐完毕由员工本人送到指定地点，由食堂工作人员进行刷洗、消毒。

(2) 为体现酒店对员工的关心，食堂负责为带病坚持工作的员工做好病号饭，由医务人员根据病情及营养搭配开具食谱，由食堂人员负责制作。

4. 卫生要求

严格遵守各项卫生制度，保证不进、不用、不做、不出售腐烂变质食品，炊事人员在每次就餐后进行一次大清理，使桌、椅、餐具整洁有序，除就餐时间外，还可供员工休息。

【范本 2】

厨房卫生管理制度

第一条 厨房应与厕所及其他不洁处所有效隔离，厨房内不应有厕所，且厨房的门与窗均不得面对厕所。

第二条 厨房应有良好的供水系统与排水系统，尤以排水系统最重要，因厨房烹调食物时，材料需要清水洗涤，厨房清理更需要用水洗涤，这些用过的污水，必须迅速排除。

第三条 地面、天花板、墙壁门窗应坚固美观，所有孔洞缝隙应予填实密封，并保持整洁，以免蟑螂、老鼠隐身躲藏或出入。

第四条 应装置抽油烟机：抽油烟机之油垢应定时清理，而所排出的污油，亦适当处理，切勿直接喷泻干扰邻居。

第五条 工作橱台及橱柜以铝质或不锈钢材质为佳，木质者容易孳生繁殖蟑螂。

第六条 工作橱台及橱柜下内侧及厨房死角，应特别注意清扫。因冲洗地面时，可能会将面包碎片、碎肉、菜屑等冲入死角内遗留腐烂。

第七条 食物应在工作台上料理操作，并将生、熟食物分开处理。刀和砧板工具及抹布等，必须保持整洁。

第八条 食物应保持新鲜、清洁、卫生，并于洗净后，分类以塑胶袋包紧，或装在有盖容器内，分别储放冰箱或冷冻室内，鱼肉类取用处理要迅速，以免反复解冻而影响鲜度，要确实做到勿将食物暴露在常温中太久。

第九条 凡易腐败的饮食物品，应贮藏在摄氏零度以下冷藏容器内，熟的与生的食物分开贮放，亦防止食物气味在冰箱内扩散及吸收箱内气味，并备置脱臭剂或活性炭放入冰箱，可吸净臭味。

第十条 调味品应以适当容器装盛，使用后随即加盖，所有的器皿及菜肴，均不得与地面或污秽接触。

第十一条　应备置有密盖污物桶、厨余桶，厨余最好当夜倒除，不在厨房内隔夜。如果需要隔夜清除，则应用桶盖隔离。厨余桶四周应经常保持干净。

第十二条　员工工作时，应穿戴整洁工作衣帽。工作时避免让手接触或沾染食物与食器，尽量利用夹子、勺子等工具取用。

第十三条　在厨房工作时，不得在食物或食器的附近抽烟、咳嗽、吐痰、打喷嚏；万一打喷嚏时，要背向食物用手帕或卫生纸罩住口鼻，并随即洗手。

第十四条　厨房工作人员工作前、便后，均应彻底洗手，保持手的清洁。

第十五条　厨房清洁扫除工作，每日数次，至少要做一次，清洁完毕，清扫用具应集中处置。杀菌剂和洗涤剂不得与杀虫剂等放在一起，有毒的物质要标明放在固定场所及指定专人管理。

第十六条　不得在厨房内躺卧或住宿，亦不许随便悬挂衣服及放置鞋屐，或乱放杂物等。

第十七条　生病时，应留在家中休息。感冒、皮肤有外伤及患传染病症时，都应留在家休养治疗。

【范本3】

饭卡管理规定

一、行政部每月月底将饭卡发放给各部门，员工就餐时凭本人饭卡打菜。

二、就餐人员必须按规定佩戴厂证并出示相应饭卡，否则，无正当理由且不服从管理者，记警告一次。

三、厂证或饭卡若有遗失或损坏，应及时到行政部补办，每次扣缴工本费5元，故意损坏或遗失者，罚款10元。

四、饭卡不得转借他人，更不得转借给非本厂人员，否则一律按小过处罚，并视情节轻重给予处分。

五、员工于离职时，应将饭卡交于行政部注销，因遗失等原因不能交饭卡者罚款20元。

【范本4】

住宿管理办法

一、管理目标

(1) 提高企业住宿员工生活品质，使之能专心工作；

(2) 将企业员工宿舍管理制度化。

二、适用范围

企业员工宿舍的管理。

三、宿舍申请

1. 申请资格

(1) 企业正式任职员工；

(2) 家住外地或上下班交通不方便者。

2. 申请标准

(1) 申请住宿的员工应先填写“住宿申请单”；

(2) 申请单呈部门主管核准；

(3) 凭部门主管核准的申请单向行政部办理住宿登记手续；

(4) 行政部依规定为申请者分配宿舍房间；

(5) 部门主管可携带直系家属申请住宿，但需经总经理室同意。

3. 宿舍分配

(1) 住宿员工房间分配，以同部门同住为原则；

(2) 宿舍房间统一分配，不得自行调换。若要调换须提出申请，经宿舍管理员同意方可调换。

四、管理组织

1. 企业宿舍直接管理者由行政部选派。

2. 男生宿舍的宿舍管理员由男性员工担任，女生宿舍的宿舍管理员由女性员工担任。

3. 职责如下：

(1) 住宿员工房间分配；

(2) 住宿员工生活起居管理；

(3) 宿舍门禁安全及灾害防治管理；

(4) 宿舍财产设备保管及维护；

(5) 其他宿舍管理业务。

五、管理规定

1. 日常管理规定

（1）一般作息时间。

①起床时间：早晨×时前（节假日除外）；

②睡觉时间：晚上×时前。

（2）门禁管制。

①宿舍开门时间：上午×时；

②宿舍关门时间：晚上×时；

③晚上×时至上午×时宿舍关门期间，除非紧急事故，所有人员不得进出。

（3）外宿。

①住宿员工除出差、节假日、休假、请假外，如需外宿应向宿舍管理员登记报备；

②在外临时需外宿时，应打电话向宿舍管理员报备。

（4）访客。

①宿舍会客时间一律在下班时间内；

②会客一律在规定地点；

③本企业宿舍不得让访客任意留宿。

（5）电话接听。

①宿舍电话只能接听，不得打出；

②电话应长话短说，以免影响他人。

2. 卫生管理规定

（1）保持房间及公共场所的整齐、清洁，住宿人员轮流打扫宿舍卫生；

（2）垃圾应集中放置，不得随意丢弃；

（3）每半年应进行大扫除一次；

（4）禁止饲养宠物以保持清洁卫生。

3. 安全管理规定

（1）不得携带易燃易爆物品及其他危险物品进入宿舍；

（2）随时注意进入宿舍的陌生人员；

（3）离开房间应关闭电器设备及门窗。

六、退宿管理

1. 退宿时间

（1）住宿员工离职时；

（2）住宿员工违反宿舍管理规定被勒令退宿者；

（3）其他必要事由。

2. 退宿手续

（1）住宿员工退宿时，应填“退宿申请单”；

（2）住宿员工应将住宿区卫生整理清洁，退还借用企业的物品设备，会同宿舍管理员清点查核无误，并在“退宿申请单”上签名；

（3）“退宿申请单”送行政部核查。

四、总务后勤管理常用表单

总务后勤管理常用表单是行政主管或行政人员在进行总务后勤管理的工作时使用的用于填写相应资料的表格（见下列表格）。

办公设备管理卡

<table>
<tr><td>购入日期</td><td>年 月 日</td><td>部门编号</td><td>耐用年数</td><td>年</td><td>购入编号</td><td></td><td>启用日期</td><td>年 月 日</td></tr>
<tr><td colspan="3" rowspan="2">办公用具编号
（编号 No.）</td><td colspan="3" rowspan="2">型号
（编号 No.）</td><td colspan="3">购买厂商（编号 No.）</td></tr>
<tr><td colspan="3">购入厂商地址和电话</td></tr>
<tr><td colspan="3">购买金额</td><td colspan="2">购买日期</td><td>购买数量</td><td></td><td>耐用年数</td><td>年</td><td>折旧率</td><td>%</td></tr>
<tr><td rowspan="7">折旧记录栏（定率法、定额法）</td><td>折旧年度</td><td>折旧金额</td><td>保留价格</td><td>记账人</td><td>保管修理日期</td><td>保管修理记录</td><td>负责人</td></tr>
<tr><td></td><td></td><td></td><td></td><td></td><td></td><td></td></tr>
<tr><td></td><td></td><td></td><td></td><td></td><td></td><td></td></tr>
<tr><td></td><td></td><td></td><td></td><td></td><td></td><td></td></tr>
<tr><td></td><td></td><td></td><td></td><td></td><td></td><td></td></tr>
<tr><td></td><td></td><td></td><td></td><td></td><td></td><td></td></tr>
<tr><td></td><td></td><td></td><td></td><td></td><td></td><td></td></tr>
<tr><td colspan="5" rowspan="2">备注</td><td colspan="2" rowspan="2">使用部门</td><td>检验人</td><td>经办人</td></tr>
<tr><td></td><td></td></tr>
</table>

办公设备管理一览表

<table>
<tr><td colspan="4">管理编号</td><td colspan="2" rowspan="2">办公设备管理的名称（管理编号）</td><td rowspan="2">办公设备的型号（管理编号）</td><td rowspan="2">购买厂商（管理编号）</td><td rowspan="2">购买人</td></tr>
<tr><td>购买日期</td><td>部门编号</td><td>耐用年数</td><td>购入编号</td></tr>
<tr><td></td><td></td><td></td><td></td><td colspan="2"></td><td></td><td></td><td></td></tr>
<tr><td></td><td></td><td></td><td></td><td colspan="2"></td><td></td><td></td><td></td></tr>
<tr><td></td><td></td><td></td><td></td><td colspan="2"></td><td></td><td></td><td></td></tr>
<tr><td>地址</td><td colspan="2">购买厂商电话号码</td><td>购买金额</td><td>购入日期</td><td>耐用年数</td><td>管理部门名称</td><td>审核日期</td><td>审核印章</td></tr>
<tr><td></td><td colspan="2"></td><td></td><td></td><td></td><td></td><td></td><td></td></tr>
<tr><td></td><td colspan="2"></td><td></td><td></td><td></td><td></td><td></td><td></td></tr>
<tr><td></td><td colspan="2"></td><td></td><td></td><td></td><td></td><td></td><td></td></tr>
<tr><td></td><td colspan="2"></td><td></td><td></td><td></td><td></td><td></td><td></td></tr>
<tr><td></td><td colspan="2"></td><td></td><td></td><td></td><td></td><td></td><td></td></tr>
<tr><td></td><td colspan="2"></td><td></td><td></td><td></td><td></td><td></td><td></td></tr>
<tr><td></td><td colspan="2"></td><td></td><td></td><td></td><td></td><td></td><td></td></tr>
</table>

车辆（交通设备）管理簿

编号：　　　　　　　　　　　　　　　　　　　年　　月　　日

<table>
<tr><td colspan="2">车辆登记号码</td><td colspan="2">车辆名称及型号</td><td colspan="3">车辆制造号码</td><td colspan="3">购入日期</td></tr>
<tr><td colspan="2"></td><td colspan="2"></td><td colspan="3"></td><td colspan="3"></td></tr>
<tr><td colspan="2">购入金额</td><td colspan="2">供应厂商</td><td colspan="6">供应商所在地及电话</td></tr>
<tr><td colspan="2"></td><td colspan="2"></td><td colspan="6"></td></tr>
<tr><td>检验、修理日</td><td colspan="2">检验修理的记录</td><td>经办人</td><td rowspan="3">折旧记录栏</td><td>折旧年度</td><td>折旧度</td><td>残值价格</td><td colspan="2">记账</td></tr>
<tr><td></td><td colspan="2"></td><td></td><td></td><td></td><td></td><td colspan="2"></td></tr>
<tr><td></td><td colspan="2"></td><td></td><td colspan="5">备注</td></tr>
</table>

车辆行驶日记

<table>
<tr><td colspan="2">行驶日期</td><td>星期</td><td colspan="2">所属单位</td><td colspan="2">驾驶者姓名</td><td>确认</td></tr>
<tr><td colspan="2"></td><td></td><td colspan="2"></td><td colspan="2"></td><td></td></tr>
<tr><td colspan="2" rowspan="3">车辆登记号：
车种：</td><td colspan="2">使用前：　千米</td><td>加油量</td><td colspan="2">加油费用</td><td>加油站</td></tr>
<tr><td colspan="2">使用后：　千米</td><td></td><td colspan="2"></td><td></td></tr>
<tr><td colspan="2">本日行驶：　千米</td><td></td><td colspan="2"></td><td></td></tr>
<tr><td colspan="2">出发时间</td><td colspan="3">目的地</td><td colspan="2">到达时间</td><td>乘坐人员</td></tr>
<tr><td>时</td><td>分</td><td colspan="3"></td><td>时</td><td>分</td><td></td></tr>
<tr><td></td><td></td><td colspan="3"></td><td></td><td></td><td></td></tr>
<tr><td></td><td></td><td colspan="3"></td><td></td><td></td><td></td></tr>
<tr><td colspan="8">备注：</td></tr>
</table>

食堂卫生检查表

检查日期：

No.	检查项目	检查状况				备注
		良好	好	一般	差	

食堂绩效考评表

检查日期：

日期 / 考评记录 / 内容	第一周	第二周	第三周	第四周
食堂卫生（10分）				
饭菜品质（30分）				
个人卫生及标准佩戴（10分）				

续表

内容 \ 考评记录 \ 日期	第一周	第二周	第三周	第四周
服务态度（10分）				
分量是否适度（10分）				
品种花样（10分）				
就餐秩序（10分）				
费用控制（10分）				
总分				
分析及建议				
平均总分：	餐饮管理委员会成员签名：			

公司员工意见表

姓名：

为使员工食堂的伙食和卫生得到进一步提高，请您针对食堂各方面（含菜的质量、卫生和食堂工作人员的服务态度等内容），提供一些宝贵意见，作为食堂改进与努力的参考，谢谢！

1. 您对食堂的卫生状况　□非常不满意　□不满意　□尚可　□非常满意
2. 您对食堂的就餐秩序　□非常不满意　□不满意　□尚可　□非常满意
3. 您对食堂饭菜的可口程度　□非常不满意　□不满意　□尚可　□非常满意
4. 您对菜的分量　□非常不满意　□不满意　□尚可　□非常满意
5. 您对食堂人员的服务态度　□非常不满意　□不满意　□尚可　□非常满意
6. 您对伙食的质量　□非常不满意　□不满意　□尚可　□非常满意
7. 您对食堂的建议事项　□非常不满意　□不满意　□尚可　□非常满意

谢谢您的宝贵意见，祝您工作愉快！

第二讲　文档管理制度

【学习重点】

◇ 企业文件管理办法。

◇ 企业档案管理制度。

◇ 企业文件档案管理表单。

一、文件管理办法

文件管理办法是为了让行政人员在进行文件管理时规范工作而制定的制度标准。

【范本 1】

文件管理办法

第一章　总　　则

第一条　文件管理包含收取文件及制发文件两种。

第二条　外来文件包含公文、传真资料等项。内部制发文件包含本公司内部文件和对外业务文件。

第二章　文件收发管理

第三条　收文

1. 外来文件收文由公司总务部收发室承办（直接寄到各部厂的文件由各部厂管理单位收文）。

2. 外来文件收文时，由收发室登记入“收发文登记簿”。

3. 内部制发文件收文时，由各部厂编号及填写“公文会签单”后，送收发室登记入“收发文登记簿”。

第四条　制发

填写“发文呈批单”，编列文号，并填写“公文会签单”，注明本案应会签部门后送总公司收发室登记处理。

第五条　分文

1. 收发室收文登记后，根据业务性质分送各有关部厂处理。

2. 内部发文呈批单做收文登记后，根据文件内容性质分送有关单位会签处理。

第六条　会签

1. 各单位收到需参与会签的呈批件时，须本着本单位的职责认真表达对本件草案的意见，并尽量提供相关资料供起草单位参考。

2. 公文会签后，再依“公文会签单”内所指定会签顺序，转送其他会签单位，若本单位为最后一个会签单位，则处理后将本呈批件转送办公室处理。

第七条　审核

办公室根据各单位签办意见，汇总整理出一个结论（若各部厂意见不一致，需由办公室协调送总经理核定）。

第八条　批示

总经理或其他被授权批示者做最终的肯定、否定等批示，并签字。

第九条　执行

1. 办公室根据总经理批示内容将公文影印一份送执行单位办理，公文正本送收发室归档存查。

2. 需对外发文时，交由收发室打印、盖章、封装、寄发，呈批件原件和打印件二份归档存查。寄发文件前须填写“收发文登记簿”。

第十条 归档

1. 任何签呈正本均需交由总务部（科）归档存查。

2. 若执行单位必须使用正本时，可暂时借出使用后归还，若正本必须寄出且无法取回，可存档复印件。

3. 存档文件普通件保存3年，机密文件保存10年，届时列表报准监销。

第三章 附 则

第十一条 公文机密等级及处理规定

1. 普通件：公关处理。

2. 密件：需子公司部门领导人以上人员核阅处理。

3. 机密件：需公司部门或子公司领导人、总经理级以上人员核阅处理。

4. 绝密件：需总经理级以上人员核阅处理。

5. 各级人员处理密件资料，需严守秘密。因泄密而造成损害，由泄密人员负责并接受处分。

6. 密件文件递送时，应以信封袋加密封装，寄件人及收件人拆阅时均需在登记簿上签名。

第十二条 公文处理时限

1. 特急件：随到随办。

2. 急件：一天内处理完毕。

3. 普通件：三天内处理完毕。

4. 超过处理时限的文件，由办公室催办。

5. 各级审核人员及会签人员均须在公文签呈上签名，并标示日期，以明确责任。

【范本2】

文件处理方案

一、文件处理目的

为使企业文件处理工作规范化。

二、文件收发处理

1. 文件按机密程度分类

(1) 绝密。指极为重要并且不得向无关人员泄漏内容的文件。

(2) 机密。指次重要并且所涉及内容不能向企业内外无关人员透露的文件。

(3) 秘密。指不宜向企业以外人员透露内容的文件。

(4) 普通。指非机密文件。如果附有其他调查问卷之类的重要东西，则另当别论。

(5) 传阅。指在本企业内部传阅或传达的文件。

2. 文件处理要求。

(1) 应把企业文件与私人文件区分开来。

(2) 由办公室直接开启送达的企业文件，在文件的空白处加盖办公室收发印章，注明收发日期。

(3) 对于送达各部门且不开启也能估计所涉及内容与事项的文件、估计事项并不重要的文件、绝密文件和亲启文件，不必开启，在封面上加盖办公室收发印章，注明收发日期。

(4) 专人传递送达的文件以及标有绝密类或亲启字样的文件，可以采用登记的方式。

(5) 办公室可以优先处理传真、特快专递类文件。

(6) 凡下班后，或者规定工作时间以外，或节假公休日到达的文件，一律由值班留守人员接收，可以于此后第一个工作日早晨交办公室。

(7) 经办文件遇有关系重大足以影响企业权益的重要文件，可将正本妥善保藏，如有应用均以副本或影印本处理。

(8) 为利于文件处理并达分层负责目的，经办人可就内容签拟意见，避免只签名而无意见。

(9) 经办文件可视其轻重而定缓急，如案情涉及其他部门，可照会办理，对于会稿案件会办部门可按速件处理。

3. 各类文件处理原则

(1) 普通文件的处理原则如下：

①由部门经理以上级别的主管负责对文件进行审阅、回答、批办以及其他必要的处理，或者由其指定下属对文件进行具体处理；

②如果遇到重要或异常事项，可及时与上一级主管取得联系，按上级指示办理；

③各种有关联的事项，可与各部门商议后处置。

(2) 机密文件的处理原则如下：

①机密文件原则上可由责任者或当事者自行处理。

②指名或亲启文件，原则上可在封面上注明文件所涉及事项的要点和发文者姓名，并由发文者封缄。

③到达的指名或亲启文件，原则上由信封上所指名的人开启，其他人不可擅自启封。

(3) 文件的阅览原则如下：

①文件被阅览后，阅览者可签字，表示已经阅览完毕。如有必要，可在文件的空白处填写阅览后的意见，并转给或交还给文件主管。

②有必要在各部门传阅的文件，可附上《传阅登记簿》，按《传阅登记簿》规定栏目填写，并最终交还给文件主管。

4. 文件的分发处理要求

(1) 写给各部门的文件，经登记后可直接分发给各部门。

(2) 重要文件、专递文件或者夹有重要物品的文件，直接送交文件接受人，在接受人不在的情况下，可委托部门主管转交，领取文件者在登记簿上签名盖章。

(3) 文件中一切夹带或附有的物品，要原样送到当事人手中。

(4) 私人信件直接分送本人（在特殊情况下也可由代理者领取），在必要情况下，可让领取者在登记簿上签名盖章。

(5) 各部门在接到文件时，在必要情况下，可给办公室一个回复，表示那些需要回复的文件已经收到。

(6) 分送给各部门的文件，如果出现差错，不是所在部门接收的文件，可直接退回办公室，再由办公室处理。

(7) 接到电话后填写“电话记录表”，但普通的电话不必记录。

5. 文件处理期限要求

（1）收发人员收文时，原则上应随到随送，避免积压。

（2）分文人员的分文日期，可由各企业视其收文数量自行制定。

（3）经办人员的处理期限：

①速件、机密文件等可随到随办，以文到一日内处理完毕为原则。

②一般文件可由部门主管斟酌经办人的工作量，指定处理期限，一般以文到三日内处理完毕为原则。

③来文定有答复期限者，可尽力于来文所定期限内处理完毕。

④对于计划、试验、研究、开发、规章修订、测定、搜集资料等特殊文件，部门主管应斟酌实际需要分别规定其处理期限。

⑤监印人员可于当天完成用印。

⑥文件归档，可日案日清。

⑦签呈文件，按分层负责的执行层次，由各企业自行制定时限。

三、文件寄发

（1）文件的邮寄、送发可统一由办公室负责。

（2）寄发企业外的一般文件，可由各部门及有关人员封缄之后，直接送交办公室统一寄发。

（3）汇集所有待发文件，做好“文件发送登记”，待发文件可在一定时间内以特快专递以及传真等形式，即时发出。

（4）凡机密或亲启文件，办公室可加盖“绝密”“密”“亲启”等字样印章后发送，并给发文部门或发文者必要的回复。

（5）其他重要文件或快递文件，可加盖“专递”“面呈”“快递”等字样印章，并给发文者必要的回复。

（6）邮费可由办公室统一开支。

（7）办公室按月结算全部邮费开支。

四、文件稽催

（1）经办人如未能如期办妥文件，可于处理期限将满前，经请示部门主管同意后，以口头通知文件收发人员更改处理期限。

（2）收发人员可按日检查催办联，到期未见办妥销案者，可先以口头通知经办部门主管，如再等一天仍不见办妥销案者，以“文件催办单”一式两联，送经办部门主管交由经办人填注“拟完成日期”及“迟延原因”，经主管批核后，经办部门自存一份，一份送还收发人员继续依期稽催，收发人员可随时将稽催情形记录于稽催联。

五、文件保管与销毁

1. 文件的保管要求

（1）办结完毕的文件需进行适当的整理、装订，此项工作可由收发室进行，会计文件依会计年度进行整理装订，然后分别保管。若是没有逐年或逐会计年度整理必要的文件，可另选适宜的时间装订。

（2）整理过的文件，可在附页上注明文件号码、名称、保管期限、单位名称及起止时间，并将其记入同样内容的文件清单内，分门别类地保管。

（3）各部门需保存的文件向办公室移交时，可依照另行规定执行。移交时间一般定在账目封存和其他文件归类完成时。

（4）需要查阅已归档的文件时，需要履行有关手续，查阅时不得将需查阅的文件从装订的文件集合中取下。

（5）文件在保管期限中，如果失去了最初认定的保管意义时，可通过有关部门合议，缩短保管期限。

（6）需要保密的文件，需经适当的责任认可方可提出文件查阅，要特别注意其内容不得外泄。

（7）当机构取消或合并、分设时，可及时进行文件的移交，明确其保管部门。

（8）重要文件可选择安全的场所进行保管，如遇紧急情况，需要提前转移文件时，需持特别许可证方可办理。

2. 文件的销毁要求

（1）已过保管期限的文件，可考虑销毁。

（2）销毁原则上采用焚烧，而一般性的资料，可采取卖掉的方式。

（3）销毁归档文件，需履行必要的手续。

【范本3】

文件处理规定

第一章　总　　则

第一条　本公司文件的处理按本规定进行。在特殊情况下，为了应急，可以不按本规定权宜处置，但事后必须按本规定补齐有关手续。

第二条　本规定所指文件，包括以下内容。其中“1”项与“2”项文件的处理，原则上按会议决定处置。

1. 高层决策文件，以及高层下达的文件。

2. 部门会议合议文件与转阅文件。

3. 合同书、证券、证书和劳动协议书。

4. 意向书、违约书、往来公文、专利证明和注册登记文件。

5. 收支预算与决算书、账本票据、凭证、各种明细表、各种规定与计划书。

6. 往来书信、电报、任命书、意见书。

7. 各种报告、各种统计表。

第三条　上述文件按机密程度，可划分为以下几类。

1. 机密文件

(1) 绝密。文件中包含着绝密机要的重大事项。

(2) 秘密。保密程度仅次于前一种绝密文件。

(3) 外密。不能向外部其他公司透露的文件。

(4) 亲启。只对指定公司、指定人员透露的文件。

2. 普通文件，即机密文件以外的文件。

第四条　其他文件，如公开发行的书籍、杂志、报纸和小册子，以及调查资料类的印刷品或复写誊印物品的管理或处置，不受本规定约束。

第五条　工厂及各部门、科室（所）在有必要的情况下，依据本规定，保管与处理本部门内的有关事务文件。

第二章 文件的收发

第六条 到达本公司的文件，原则上由总公司的总务部、企业的总务科或者另行规定的其他科室接受。所有文件按下列原则处置或送发。

1. 普通文件全部由接受科室开启或开封，编上文件的收发编号，注明收发日期；在文件登记簿上做好登记；由接受科室的主管，或者由指定的文件保管员送交有关部门有关人员；文件当事人必须签名盖章领取文件。但是，极为普通的文件，并且没有或不涉及到特别事项的文件，可以简化登记手续。

2. 绝密文件或亲启文件，必须直接送交当事者，由文件当事者开封与处置。

第七条 下班后或节假日到达的文件，由值班人员根据具体情况，按下列规定办理。

1. 值班人员能够判定是紧急重要的文件，或者直接写给公司高层领导及寄给本公司的文件，应立即通知办公室主任；其他次重要文件的到达，只需要通知收发科室的主管，并按其指示处理。

2. 所有到达的文件，值班人员都必须一一做好登记，于此后第一个工作日早晨转交收发科室。

第八条 所有文件的接收、转交、登记与领取事宜，都必须由收发科室主管做出决定与指示。

第三章 文件的处理

第九条 文件处理的基本原则是“准确”与“及时”，以及明确文件处理的责任者。

第十条 凡重要的往来交涉，都必须形成“文件”或形成文字记录，即所谓“成文”原则。即使情况特殊，不允许当即形成文件，也必须事后追忆，形成“备忘录”。

第十一条 对那些并不重要的事项，或者可以通过电话、会面等简单形式处理的事宜，只需事后把处理结果的要点记录下来。

第十二条 领取文件的科室或部门，按下列规定及时予以处理，不得拖延。

1. 凡重要事项，或者异常事项，立即向所在部门主管做出报告，逐级向上请示报告；必要情况下与其他部门取得联系；等候并按照上级指示，处理文件中涉及的有关事项。

2. 如果文件中涉及的事项与其他部门有关，必须在取得与其他部门联系，并达成一致意见后行事。

3. 在具体处理时，如果认为有必要请其他部门进行配合，并且其他部门提供配合需要一定时间，在这种情况下应该事先征得对方的意见，以便妥善处理。

4. 如果事情涉及两个以上的部门，并且难以判断何部门出面主持，在这种情况下，必须听取总务部的处理意见。

第十三条　文件档案部门有责任督促有关部门处理文件中指定的事项，防止文件的处理延迟或停顿；并且有权让有关责任者对拖延的原因做出说明。

第十四条　机要或绝密文件，以及其他重要文件，必须存放在带锁的档案文件柜中，予以严格保管。

文件柜的存放，必须选择在如果发生意外，能够安全、迅速转移出去的地方，并且选择容易发现的醒目位置。

第四章　文件的制作

第十五条　制作文件的用纸，原则上采用国家相关规定标准规格。

第十六条　除特殊规定外，原则上采用通常的横排格式。

第十七条　文件以简单明了的文体记述，采用标准的简体汉字，避免使用艰涩的词句。

第十八条　全部文件一律采用书面文体。

第十九条　绝密文件未经主管认可不得擅自制作或复印副本。在特别有必要的情况下，必须注明包括正本在内共复印多少份、送往何部门等。

第二十条　在文件发送与转交时必须按下列要求署名，特殊情况或有专项指示情况除外。

1. 代表公司名义缔结的合同书、往来公文、公司公告及向政府机构提呈的报告，全部署名“董事会代表”。

2. 对外广告及宣传，采用公司名称。

3. 除此之外的文件，署上责任担当部门或科室名称，及部长或科室职务与姓名。不重要的文件，只需署上担当者姓名。

第五章 文件整理

第二十一条 各种类文件都必须按整理的要求编写符号，表示文件的类别；再按符号编辑数字连号，给各类文件排序，以便于检索。

第二十二条 文件的符号与编号按下列规定使用。

1. 表示部门、科室名称的符号，用部门、科室名称的第一个汉字。

2. 文件类别直接用“绝密”“密”等字样表示。

3. 各种文件，按先后次序用自然数排序编号。

4. 同一文件或同一名称的文件，追加一组自然数，用“—”隔开。

第二十三条 所有文件的符号与编号都必须填写在“文件登记簿”上。

第二十四条 文件处理完结之后，按文件的符号与编号进行编辑整理。

第二十五条 文件整理后，大量不重要的文件直接送总务部保管；其他为数不多的重要文件，在一定的期限内留存在责任部门、科室处保管。

第二十六条 所有失去时效的文件，包括在各部门、科室暂管的重要文件，都必须最终移交总务部，并在移交过程中填写好“移交登记簿”。

第六章 文件的送发与交接

第二十七条 全部文件的送发与交接，由总部的总务部、分部的总务科负责。在特殊情况下，公司内文件的送发与交接，由相应的部门及科室担当。

第二十八条 绝密与亲启文件必须加封，并在封面上盖“绝密”“亲启”等字样印章。

第二十九条 送交的重要文件，必须在封面上加盖“转交”“邮寄”与“面呈”字样的印章，分别表示“可以由专职传递员以外的第三者转交，或在书信接受者不在的情况下留下文件、嘱咐由指定传递者当面呈交的文件”；“可以通过邮寄传递的文件”；“必须由指定传递者当面呈交的文件”。

第三十条　所有送发文件，按“转交”“邮寄”与“面呈”，分别填写送发登记簿。

对于“面呈”文件，还必须在相应的备注栏目中，注明送交过程的要点，以及领取文件的当事人签名盖章。

第七章　文件的存档与废除

第三十一条　由本公司总部的总务部，按文件的整理符号与编号，进行编辑归档。

第三十二条　总务部按年度把重要的，经各部门、科室整理编号的文件，进行汇总，分编装订成册，存入档案。会计文件则按会计年度编辑成册。一些不太重要的文件，不必按文件类别编辑，只需按年度汇集成册即可。

第三十三条　存档文件按部门与科室，以文件的符号独立分编成册。

第三十四条　保存期限按下列规定确定。保存期从编辑日起算。

1. 永久保存。凡属于规则、指令、决议、诉讼、重要契约、证书、统计及会计文件，以及职工人事劳资文件，都必须归为“永久保存”文件。

2. 保存 10 年。类似永久保存文件性质，但没必要永久保存的文件，以及合议书、意向书、违约书、往来公文、复命书、报告书和重要往来信函等等，可以保存 10 年。

3. 保存 5 年。次重要且没必要保存 10 年的文件，可以保存 5 年。

4. 保存 1 年。不重要的文件，可以保存 1 年。

第三十五条　保存期满，或者在保存期内没必要继续保存的文件，应及时予以销毁。销毁必须经有关部门、科室合议，报总裁认可，由办公室执行。

如果对销毁没有疑义，即刻采用粉碎与焚烧的方式予以销毁。

【范本 4】

文件立卷管理制度

第一条　各部门都要建立健全平时归卷制度。对处理完毕或批存的文件材料，由专（兼）职文件集中统一保管。

第二条　各部门应根据本部门的业务范围及当年工作任务，编制平时文件材料归卷使用的“案卷类目”。“案卷类目”的条款必须简明确切，并编上条款号。

第三条 公文承办人员应及时将办理完毕或经领导批存的文件材料收集齐全，加以整理，送交本部门专（兼）职文件归卷。

第四条 专（兼）职文件人员应及时将已归卷的文件材料，按照“案卷类目”条款，放入平时保存文件卷夹内“对号入座”，并在收发文登记簿上注明。

第五条 为统一立卷规范，保证案卷质量，立卷工作由相关部室与档案员配合，档案室文件档案员负责组卷、编目。

第六条 案卷质量总的要求是：遵循文件的形成规律和特点，保持文件之间的有机联系，区别不同的价值，便于保管和利用。

第七条 归档的文件材料种数、份数以及每份文件的页数均应齐全完整。

第八条 在归档的文件材料中，应将每份文件的正件与附件、印件与定稿、请示与批复、转发文件与原件、多种文字形成的同一文件，分别立在一起，不得分开，文电应合一立卷；绝密文电单独立卷，少数普通文电如果与绝密文电有密切联系，也可随同绝密文电立卷。

第九条 不同年度的文件一般不得放在一起立卷，但跨年度的请示与批复，放在复文年立卷；没有复文的，放在请示年立卷；跨年度的规划放在针对的第一年立卷；跨年度的总结放在针对的最后一年立卷；跨年度的会议文件放在会议开幕年立卷，其他文件的立卷按照有关规定执行。

第十条 卷内文件材料应区别不同情况进行排列，密不可分的文件材料应依序排列在一起，即批复在前，请示在后；正件在前，附件在后；印件在前，定稿在后；其他文件材料依其形成规律或特点，应保持文件之间的密切联系并进行系统的排列。

第十一条 卷内文件材料应按排列顺序，依次编写页号。装订的案卷应统一在有文字的每页材料正面的右上角、背面的左上角打印页号。

第十二条 永久、长期和短期案卷必须按规定的格式逐件填写卷内文件目录，并放在卷首，卷内目录填写的字迹要工整。

第十三条 有关卷内文件材料的情况说明，都应逐项填写在备考表内，置于卷尾。若无情况可说明，也应将立卷人、检查人的姓名和日期填上以示负责。

第十四条　案卷封面，应逐项按规定用毛笔或钢笔书写，字迹要工整、清晰。

第十五条　案卷的装订和案卷各部分的排列格式。

1. 案卷装订：装订前，卷内文件材料要去掉金属物，对破坏的文件材料应按裱糊技术要求托裱，字迹已扩散的应复制并与原件一并立卷，案卷应用三孔一线封底打活结的方法装订。

2. 案卷各部分的排列格式：软卷封面（含卷内文件目录）一文件一封底（含备考表），以案卷号排列次序装入卷盒，置于档案柜内保存。

二、档案管理制度

档案制度是为加强企业的档案管理而制定的规定。

【范本 1】

公司档案管理规定

第一条　档案是指本公司过去和现在，在从事经营管理、科学技术、文化等活动中形成的对公司有保存价值的各种文字、图表、声像等历史记录。

第二条　遵循公司档案分类方法，采取年度问题分类法。有行政管理、经营管理、计划财务、人事劳资、法律工作、广告策划六大类。

第三条　案卷质量按国家标准执行。

（1）案卷必须遵循文件形成规律和特点，保持文件之间的联系，区分保管价值。

（2）卷内文件材料按照批复在前、请示在后，正件在前、附件在后，印件在前、定稿在后，重要法规性文件的历次稿件排列在定稿之后，非诉讼案件的结论、决定、判决性文件在前以及依据材料在后的顺序排列。

（3）跨年度的请示与批复，有批复的在批复年立卷，没有批复的放在请示年立卷；跨年度会议文件放在会议开幕年立卷；跨年度的规划放在第一年立卷；跨年度总结放在最后一年立卷；案件文件应放在结案年立卷。

(4) 卷内文件材料按时间顺序排列。收文时公文处理用纸在前、收文在后；内部制发文件，发文正稿在前，依次为公文处理用纸、发文底稿。

(5) 案卷封面题名应能准确地反映出卷内文件材料的内容。

(6) 案卷卷首为“卷内文件目录”。卷内文件没有题名的，由档案人员根据内容拟写标题；会议记录应填写主要内容。

(7) 卷内文件禁止使用铅笔、圆珠笔、复写纸，破损的文件要进行裱糊。

(8) 案卷备考表应写明立卷人、审核人姓名、时间，以示负责。

第四条 每年的3月末前，行政管理部根据公司制定的归档范围将上一年度的文件归档，任何人不得将资料据为己有。

第五条 严格执行档案借阅制度。借阅档案者不准翻阅或抄写与查档无关的档案内容；不准对档案内容涂抹拆散；注意保守秘密；借阅档案必须及时归还。

第六条 失去保存价值的档案经由公司档案鉴定小组批准后方可销毁。销毁由两名以上档案管理人员共同进行。

第七条 按照规定使用集团内部单据，不得违规对单据进行涂改，填写单据不得字迹潦草或出现填写错误。部门设立专人对本部门单据进行管理，保证存放整齐有序、齐全完整，并按照有关规定进行归档。

【范本2】

档案管理准则

第一条 档案管理员每天都要对预存档的资料进行清理归档以免资料堆积，要熟悉自己管理的档案，了解各部门的归档制度。

第二条 档案每年清理一次。档案管理员要准确地做好文件索引，以便于查找。

第三条 归档要注意整洁。归档前要先把资料进行分类，再把材料按类别分组装入一个待办卷宗，以便归档时所有材料都能随手而得，避免盲目地查找。

第四条 立卷按永久、长期、短期分别组卷。卷内文件要把正文和底稿、文件和附件、请示和批复放在一起，卷内页号一律在右角，案卷目录打印4

份，卷内目录打印5份。

第五条　案卷厚度一般以1.5～2厘米为宜。装订前要拆除金属物，做好文件材料的检查，如有破损或褪色的材料，应当进行修补和复制，装订部位过窄或有字迹的材料，要用纸加以衬边。纸面过大的书写材料，要按宗卷大小折叠整齐，对字迹难以辨认的材料，应当附上抄件，案卷标题要标明作者、问题或名称，文字要简练、确切，用毛笔或钢笔书写，字迹端正。

第六条　根据卷内文件之间的联系，还要进行系统排列、编组号、拟写案卷标题、填写案卷封面、确定保管期限、装订案卷排列、编制案卷目录等，档案目录主要由封面、卷宗说明、案卷目录、卷内目录组合而成。

第七条　案卷按年代、机构排列，永久与长、短期案卷分开保管，要编上顺序号及注明存放案卷年号与卷号。

第八条　注意做好保密工作，档案室的房门窗要坚固，并采取防盗、防火、防水、防潮、防尘、防鼠、防高温、防强光等措施。

第九条　每年对档案材料的数量、保管等情况进行一次检查，发现问题及时采取补救措施，确保档案的安全。

第十条　对于已失去作用的档案要进行销毁。销毁档案材料要经过认真鉴定，确定销毁的档案材料必须列册登记，送领导审批后销毁。

第十一条　销毁档案材料时，必须指派专人监销，防止失密。

【范本3】

档案借阅管理制度

第一条　借阅档案（包括文件、资料）必须在档案借阅登记簿登记，秘密级以上的档案文件需经经理级领导批准后方能借阅。

第二条　案卷不许借出，只供在档案室查阅，未归档的文件及资料可借出。

第三条　借阅期限不得超过两星期，到期必须归还，如需再借应办理续借手续。

第四条　借阅档案的人员必须爱护档案，不得擅自涂改、勾画、剪裁、抽取、拆散、摘抄、翻印、复印、摄影，不得转借或损坏。否则，按违反《保密法》追究当事人责任。

第五条 借阅的档案交还时，必须当面点交清楚，如发现遗失或损坏，应立即报告。

第六条 外单位借阅档案，应持单位介绍信，并经总经理批准后方能借阅，但不能将档案带离档案室。

第七条 外单位摘抄卷内档案，应经总经理同意，对摘抄的材料要进行审查、签章。

【范本 4】

声像档案管理制度

（一）总则

第一条 为加强公司的声像档案管理，特制定本制度。

第二条 本公司的声像档案是指本公司各部门或个人在社会实践活动中直接形成的，对国家、社会和公司有保存价值的录音、录像、照片、影片等辅以文字说明的历史记录。

声像档案一般由录音带、录像带、摄像带、影片（母片）、照片（含底片）和文字说明两部分组成。

第三条 声像档案是本公司全部档案的重要组成部分，必须由档案室实行集中统一管理。

（二）声像档案资料的收集

第四条 收集范围。

（1）反映本公司主要职能活动、工作成果和存在问题的声像资料。

（2）各级领导人和著名人物参加的与本公司有关的重大活动的声像资料。

（3）本公司有关人员组织或参加的重要会议、会见以及外事活动的声像资料。

（4）其他单位形成的与本公司有关的重要声像资料。

（5）其他具有保存价值的声像资料。

第五条　收集时间。

（1）声像档案资料应在形成后一个月内，随档案室其他载体形态的档案同时归档，如有特殊情况可以适当延长归档时间。

（2）档案室应随时收集零散的具备保存价值的声像资料。

第六条　收集要求。

（1）录音带、录像带、摄像带、影片、照片（含底片）和文字说明要收集齐全，按时归档，并建立归档控制措施。凡未按规定归档的，其形成费用不予报销。

（2）接收原版、原件，特殊情况下也可接收复制件。

（3）声像资料的内容要真实，底片、原件与影像、复制品要相符。

第七条　档案室有责任随时征集重要声像资料。

第八条　本公司各部或个人凡按本办法第四条形成声像档案的费用，只要将档案资料按要求向档案室归档，经档案室认可，财务部门就可以给予报销费用。

（三）声像档案的整理

第九条　声像档案的整理由摄录人员负责，档案部门协助。

第十条　分类、编号。

（1）照片档案按年代、问题分类。同属一类的照片按时间顺序编号，同时填写其底片号，底片在卷宗内编流水号。

（2）录音带、录像带、摄像带按年代、问题分类，按内容编号。同一内容分录几盘的应视为一个案卷，编一案卷号，然后每盘再依次编排序号。

（3）编注与其他载体档案有联系的用参照号。

第十一条　保管期限：应视内容的重要程度、时间、名称、可靠程度、有效性等因素，划定保管期限。

第十二条　文字说明的编写。

1. 文字说明的内容

文字说明的基本内容包括：事由、时间、地点、人物、背景、作者（摄制者）等。

2. 编写文字说明的要求

(1) 准确揭示档案材料的内容，概括其反映的全部信息，标注项目正确齐全。

(2) 照片按自然张（内容相近的亦可以若干张）编写文字说明。录音带、录像带、摄像带按案卷编写文字说明。一组声像资料联系密切的应加文字说明。

(3) 文字简洁、语言通顺。

(4) 时间用阿拉伯数字表示。

第十三条 编制格式。

(1) 照片编制采用横写格式。其格式为照片或底片号文字说明、参见号、摄制时间、摄制者。

(2) 录音带、录像带、摄像带的编制格式为在盒套上标注页码，然后按要求逐项填写。

第十四条 案卷要求。

(1) 将具有共同主题内容的若干份声像资料组成案卷，集中编放。

(2) 卷内目录、照片、底片以自然张为单元填写卷内目录。

(3) 卷内备考表，用于说明卷内声像材料的整理、变动情况。

第十五条 声像档案的著录依照 GB 3792.5—8《档案、著录规则》执行。

(四) 声像档案的保管

第十六条 声像档案入库前要进行检查，对已被污损的，要进行必要的技术处理。

第十七条 底片、胶片库温度应保持在 13℃～15℃之间，相对湿度应保持在 35%～45%之间。

照片库温度应保持在 14℃～24℃之间，相对湿度应保持在 7.5%～67.5%之间；录音、录像带库温度应保持在 18℃～24℃之间，相对湿度应保持在 40%～60%之间。

第十八条 底片册、录音带、录像带、摄像带应立放，磁带库必须避开 30 奥斯特以上的磁场，场盒与盒的间距不小于 3 毫米，存放磁带最好不用铁皮柜。

第十九条　对库存的照片档案，要半年检查一次。

第二十条　归档保存的声像档案，任何人不得私自撤销、抽出、清洗、消磁和涂改。销毁声像档案必须经过鉴定，征得归档单位同意，报经主管领导审批并登记造册。

第二十一条　建立健全声像档案统计制度，做好声像档案收进、移出、库存数量、保管情况、提供利用及效果等项的统计工作。

（五）声像档案的开发利用

第二十二条　编制声像档案目录、卡片等检索工具，为利用提供方便条件。

第二十三条　建立声像档案借阅、利用制度，根据声像档案的机密程度确定利用范围，严格审批手续。

第二十四条　具有专利的声像档案，外单位需要利用时，应按《中华人民共和国专利法》的有关规定办理。已移交档案馆的，所得专利收益，原则上应拨给原移交单位，档案馆只收取保管费。

第二十五条　声像档案的原版一般不得借出档案室外。如有特殊需要，经主管领导批准后，方可限期外借，利用率高的声像档案可将复制件外借。外单位借用或复制声像档案，由档案室负责办理，并按有关规定收费，实行有偿服务。如在借用中造成损坏，则由借用单位负责赔偿。

第二十六条　在不影响保密的前提下，各单位可利用声像档案举办报告会、展览会，编辑综合性或专题性画册、资料片等，积极开发利用现存的声像档案。

【范本5】

科技档案管理制度

（一）总则

第一条　为了加强公司科技档案的管理工作，充分发挥科技档案在工业生产、基本建设、科学研究、技术革新等方面的作用，根据公司的实际情况，特制定本制度。

第二条 公司科技档案是生产、科学研究、基本建设、引进国外先进技术等活动的历史记录和真实反映，是科学资料储备的一种形式，是发展公司事业的重要条件及不可缺少的依据。各部、室必须将科技文件、资料、图纸的形成、积累、整理、归档以及修改补充等工作列入专业人员职责范围，在有关规章制度中做出明确规定，认真贯彻执行。

（二）科技档案的管理制度

第三条 建立档案工作领导小组，由总经理负责，各中层管理人员为成员，实行档案网络化管理体制。增强各级管理人员做好档案工作的意识，把档案工作纳入总经理的经营目标内。

第四条 建立科技档案工作秩序，成立公司档案管理网络体系；落实各部、室专职或兼职档案管理人员，并进行一定的培训。

第五条 各部、室档案管理人员负责本部门科技档案的收集、整理、分类、立项、组卷，并定期上交档案室，并要成为一项制度执行。对文件、技术资料的归档范围、保管期限、保密、利用等制定必要的规章制度，使之有章可循，做到规范化、标准化、条理化。

第六条 公司档案室对全公司的档案工作负有指导、检查、监督、把关的责任。基层各部门在生产活动中形成的各种科技资料；公司领导、技术专业人员出国考察、培训时的各种归档的技术资料，如不按时上交归档，公司档案室有权采取经济手段进行制裁。档案室不签字，不得做工程决算，财务部门也不予拨款。

第七条 公司档案室行政管理由总经理办公室负责。

第八条 从事科技档案管理的人员，应具有较好的职业道德和大专以上文化程度，具有一定的专业知识，并保持相对稳定。档案管理人员享受专业技术人员待遇，按工程技术专业或档案专业技术职务聘任。

第九条 科技档案部门的基本任务。

（1）收集、整理、保管和统计本公司的全部科技档案。

（2）对所保管的科技档案做好分类、编目、编号、编制检索工具等工作，处理好保密与利用的关系，按规定履行借阅手续（原件不得外借，要求在阅览室查阅），积极有效地为科技人员提供方便。

（3）在相关部门的领导下，定期做好科技档案保存价值的鉴定工作。此项工作由技术管理人员、相关专业人员和科技档案人员共同进行。对失去保存价值的档案，要履行一定的手续予以销毁。

（三）科技文件材料的形成和归档

第十条 各部门应建立健全科技文件的形成、积累、整理归档制度，做到每项工程、技术活动、引进项目等都要求完整、准确、系统地归档后保存。

第十一条 对每项基建工程、产品试制、科研、技术创新、引进项目等，进行鉴定验收。设备开箱时，应有档案人员参加。

第十二条 科技材料的归档范围。

（1）设备方面的图纸、文件资料，包括：各种原理图、布线图、方框图、说明书及维护手册等。

（2）工程方面有关的请示、报告、批复文件、设计任务书、设计原始材料，包括：选线、选地、勘测、业务预测、调查分析、申请用地、报建、城市规划部门的审批文件、红线图、与各方签订的合同、协议书、初步设计、工程术设计、工程预算、施工图、施工记录，隐蔽工程验收记录、质量检对外交涉联系的重要文件、竣工图、验收书、决算等。

技术革新、科研及教学方面包括：上报审批文件、技术革新图纸及批教学计划、名单、报告、审批文件等。

第十三条 出国学习、考察和谈判人员回国后，应把外商或对方提交的各动交档案室归档，由档案室签字后，财务部门方可接受报账。

第十四条 本制度自印发之日起实施。

三、文件档案管理常用表单

文件档案管理常用表单是为了让行政主管规范自己或下属员工在进行文件、档案管理时，而有史可查的数据库（见下列表）。

文件接收记录表

文件名称	文件编号	版本号	发文部门	受文日期	旧版处理	收文者	建档号

说明：1. 部门应设置接受外来文件的窗口；

2. 接受外来文件后应记录。

文书传递单

收文	送文编号	文件名称（一般性文件可免填）	发文	签收	备注

注：本单一式三联；第一联：送寄件部门存查。第二联：收件部门存。第三联：收件部门签收后送返寄件部门。

文书发送登记表

月　日	发送单位	编号	数量	密（速）级	发往单位	签收

对外收/发文登记簿

收文					发文				
月/日	文号	来文单位	事由	签收	月/日	文号	发文单位	事由	签收

传真发文申请单

部门：　　　　　　　　　　　　　　　　日期：

编号	文件名称	页数	传真原因	接受单位	备注

核准：　　　　　　　　　　　　　　　　申请人：

档案索引

部门：

	档案号	档案名称	建档日期	储存位置	档案内存	处理
1						
2						
3						
4						
5						
6						
7						
8						
备注						

档案明细表

保险库号			柜位号			拟存至何时				
公司	部门	文件名称内容	类别	入库日期			出库日期			收件人
				年	月	日	年	月	日	
										签收

档案内容登记簿

类号：

案号	内容	备注

目录卡

部门：

编号	档案名称	性质	类别	建档位置	建档时间	销档时间	备注

销毁文件清单

序号	时间	文件标题	发文部门	主要内容	备注
1					
2					
3					
4					
5					
6					
7					
8					
9					
10					

第三讲　卫生管理制度

【学 习 重 点】

◇ 企业卫生管理制度。

◇ 企业卫生管理表单。

一、卫生管理制度

卫生管理制度是为规范对企业员工的日常卫生行为规范所制定的工具。

【范本 1】

卫生管理准则

第一条　本公司为维护员工健康及工作场所环境卫生，特制定本准则。

第二条　凡本公司卫生事宜，除另有规定外，皆依本准则实行。

第三条　本公司卫生事宜，全体人员必须一律确实遵行。

第四条　凡新进员工，必须了解清洁卫生的重要性与必要的卫生知识。

第五条　各工作场所内，均须保持整洁，不得堆放垃圾、污物或碎屑。

第六条　各工作场所内走道及阶梯，至少每日清扫一次，并采用适当方法减少灰尘的飞扬。

第七条　各工作场所内，严禁随地吐痰。

第八条　饮用水必须清洁。

第九条　洗手间、更衣室及其他卫生设施，必须保持清洁。

第十条　排水沟应经常清除污秽，保持清洁畅通。

第十一条　凡可能寄生传染菌的物质，应于使用前进行适当的消毒。

第十二条　凡可能产生有碍卫生的气体、灰尘、粉末的物质，应做如下处理：

（1）采用适当方法减少有害物质的产生。

（2）使用密闭器具以防止有害物质的散发。

（3）在产生此项有害物的最近处，按其性质分别做凝结、沉淀、吸引或排除等处理。

第十三条　凡处理有毒物或高温物体的工作，或从事有尘埃、粉末、有毒气体散布的工作，或从事暴露于有害光线中的工作等，需用防护服装或器具，公司应按其性质制备。

从事以上工作的员工，对于本公司设备的防护服装或器具，必须妥善保管。

第十四条　各工作场所的采光，应依下列的规定。

（1）各工作部门须有充分的光线。

（2）光线须有适宜的分布。

（3）光线须防止眩目及闪动。

第十五条　各工作场所的窗户及照明器具的透光部分，均须保持清洁。

第十六条　凡阶梯、升降机上下处及机械危险部分，均须有适度的光线。

第十七条　各工作场所须保持适当的温度，温度根据不同季节予以调节。

第十八条　各工作场所须充分使空气流通。

第十九条　食堂及厨房的一切用具及环境，均须保持清洁卫生。

第二十条　清除的垃圾、废弃物、污物，应符合卫生要求，放置于指定范围内。

第二十一条　公司应设置常用药品并存放于小箱或小橱内，以便于员工取用。

第二十二条　本准则经总经理核准后施行，修改时亦同。

【范本 2】

更衣室清洁管理制度

第一条 清洁地面：扫地、湿拖、擦抹墙脚、清洁卫生死角。

第二条 清洁浴室：用洗洁精配水洗擦地面和墙身（特别是砖缝位置）；洗抹浴缸；用布清洁门、墙头；清洁洗手台、盆。

第三条 清洁员工洗手间。

第四条 清洁员工衣柜的柜顶、柜身。

第五条 室内卫生清洁：用抹布清洁窗台、消防栓、箱及器材；清理烟灰缸；打扫天花板，清洁空调出风口；清洁地脚线、装饰大板、门、指示牌；打扫楼梯；拆洗窗帘布；清倒垃圾，做好交接班工作。

第六条 如有拾获员工物品，及时登记上交保安部并报告部门领班、主管。

【范本 3】

卫生间清洁管理制度

第一条 所有清洁工作必须自上而下进行。

第二条 放水冲入一定量的清洁剂。

第三条 清除垃圾杂物，用清水洗净垃圾桶并用抹布擦干。

第四条 用除渍剂清除地胶垫和下水道口，清洁缸圈上的污垢和渍垢。

第五条 用清洁桶装上低浓度的碱性清洁剂彻底清洁地胶垫，不可在浴缸里或脸盆里洗。桶里用过的水可倒入厕内。

第六条 在镜面上喷上玻璃清洁剂，并用抹布清洁。

第七条 用清水洗净水箱，并用专备的擦杯布擦干。烟缸上如有污渍，可用海绵块蘸少许除渍剂清洁。

第八条 用海绵块蘸少许中性清洁剂擦除脸盆镀锌件上的皂垢、水斑，并随即用干抹布擦亮。禁止用毛巾作抹布。

第九条 工作无误后即关灯并将门锁上，将待修项目记下来并上报。

二、卫生管理常用表单

卫生管理常用表单是行政主管或行政人员在进行安全卫生管理的过程时，使用的用于填写相关资料的表格（见下列表格）。

卫生检查表

检查日期：

检查项目	待改善事项	说明	备注	复检
消防	□无法使用　□道路阻塞			
灭火器	□失效　□走道阻塞　□缺少			
走道	□阻塞　□脏乱			
门	□阻塞　□损坏			
窗	□损坏　□不清洁			
地板	□不洁　□损坏			
厂房	□破损　□漏水			
楼梯	□损坏　□阻塞　□脏乱			
厕所	□脏臭　□漏水　□损坏			
办公桌椅	□损坏			
餐厅	□损坏　□污损			
工作桌椅	□损坏			
厂房四周	□脏乱　□废弃未用			
一般机器	□保养不良　□基础松动			
空压线	□基础不稳　□保养不良			
插座、开关	□损坏　□不安全			
电线	□损坏			
给水	□漏水　□排水不畅			
仓库	□零乱　□防火防盗不良			
废料	□未处理　□放置零乱			
其他				

总经理：　　　　厂长：　　　　行政主管：　　　　检验员：

清洁卫生评分表

评分部门：	评分员：	日期：	时间：
评分项目	最高分数	评分	备注
一般安全	15		
消防器具	10		
走道通路	15		
工作区域整洁	15		
设备维护状况	15		
办公桌椅及办公室环境	15		
环境整洁	15		
建议及评语			

清洁工作安排表

月　　日至　　月　　日　　　　页次：

姓名				
日期				
清洁项目				
考核				
日期				
清洁项目				
考核				

卫生区域安排表

区域 部门	走道	仓库	空地	厂外环境	水沟

思考与练习

1. 根据企业实际情况，编制一份设备用品管理制度。

2. 根据企业实际情况，编制一份企业员工管理制度。

3. 根据企业实际情况，编制一份企业总务后勤管理制度。

4. 根据企业实际情况，编制一份企业文档管理制度。

5. 根据企业实际情况，编制一份卫生管理制度。

附　　录

附录一

中华人民共和国劳动合同法

第一章　总　　则

第一条　为了完善劳动合同制度，明确劳动合同双方当事人的权利和义务，保护劳动者的合法权益，构建和发展和谐稳定的劳动关系，制定本法。

第二条　中华人民共和国境内的企业、个体经济组织、民办非企业单位等组织（以下称用人单位）与劳动者建立劳动关系，订立、履行、变更、解除或者终止劳动合同，适用本法。

国家机关、事业单位、社会团体和与其建立劳动关系的劳动者，订立、履行、变更、解除或者终止劳动合同，依照本法执行。

第三条　订立劳动合同，应当遵循合法、公平、平等自愿、协商一致、诚实信用的原则。

依法订立的劳动合同具有约束力，用人单位与劳动者应当履行劳动合同约定的义务。

第四条　用人单位应当依法建立和完善劳动规章制度，保障劳动者享有劳动权利、履行劳动义务。

用人单位在制定、修改或者决定有关劳动报酬、工作时间、休息休假、劳动安全卫生、保险福利、职工培训、劳动纪律以及劳动定额管理等直接涉及劳动者切身利益的规章制度或者重大事项时，应当经职工代表大会或者全体职工讨论，提出方案和意见，与工会或者职工代表平等协商确定。

在规章制度和重大事项决定实施过程中，工会或者职工认为不适当的，有权向用人单位提出，通过协商予以修改完善。

用人单位应当将直接涉及劳动者切身利益的规章制度和重大事项决定公示，或者告知劳动者。

第五条 县级以上人民政府劳动行政部门会同工会和企业方面代表，建立健全协调劳动关系三方机制，共同研究解决有关劳动关系的重大问题。

第六条 工会应当帮助、指导劳动者与用人单位依法订立和履行劳动合同，并与用人单位建立集体协商机制，维护劳动者的合法权益。

第二章 劳动合同的订立

第七条 用人单位自用工之日起即与劳动者建立劳动关系。用人单位应当建立职工名册备查。

第八条 用人单位招用劳动者时，应当如实告知劳动者工作内容、工作条件、工作地点、职业危害、安全生产状况、劳动报酬，以及劳动者要求了解的其他情况；用人单位有权了解劳动者与劳动合同直接相关的基本情况，劳动者应当如实说明。

第九条 用人单位招用劳动者，不得扣押劳动者的居民身份证和其他证件，不得要求劳动者提供担保或者以其他名义向劳动者收取财物。

第十条 建立劳动关系，应当订立书面劳动合同。

已建立劳动关系，未同时订立书面劳动合同的，应当自用工之日起一个月内订立书面劳动合同。

用人单位与劳动者在用工前订立劳动合同的，劳动关系自用工之日起建立。

第十一条 用人单位未在用工的同时订立书面劳动合同，与劳动者约定的劳动报酬不明确的，新招用的劳动者的劳动报酬按照集体合同规定的标准执行；没有集体合同或者集体合同未规定的，实行同工同酬。

第十二条 劳动合同分为固定期限劳动合同、无固定期限劳动合同和以完成一定工作任务为期限的劳动合同。

第十三条 固定期限劳动合同，是指用人单位与劳动者约定合同终止时间的劳动合同。

用人单位与劳动者协商一致，可以订立固定期限劳动合同。

第十四条 无固定期限劳动合同，是指用人单位与劳动者约定无确定终止时间的劳动合同。

用人单位与劳动者协商一致，可以订立无固定期限劳动合同。有下列情形之一，劳动者提出或者同意续订、订立劳动合同的，除劳动者提出订立固定期限劳动合同外，应当订立无固定期限劳动合同：

（一）劳动者在该用人单位连续工作满十年的；

（二）用人单位初次实行劳动合同制度或者国有企业改制重新订立劳动合同时，劳动者在该用人单位连续工作满十年且距法定退休年龄不足十年的；

（三）连续订立二次固定期限劳动合同，且劳动者没有本法第三十九条和第四十条第一项、第二项规定的情形，续订劳动合同的。

用人单位自用工之日起满一年不与劳动者订立书面劳动合同的，视为用人单位与劳动者已订立无固定期限劳动合同。

第十五条 以完成一定工作任务为期限的劳动合同，是指用人单位与劳动者约定以某项工作的完成为合同期限的劳动合同。

用人单位与劳动者协商一致，可以订立以完成一定工作任务为期限的劳动合同。

第十六条 劳动合同由用人单位与劳动者协商一致，并经用人单位与劳动者在劳动合同文本上签字或者盖章生效。

劳动合同文本由用人单位和劳动者各执一份。

第十七条 劳动合同应当具备以下条款：

（一）用人单位的名称、住所和法定代表人或者主要负责人；

（二）劳动者的姓名、住址和居民身份证或者其他有效身份证件号码；

（三）劳动合同期限；

（四）工作内容和工作地点；

（五）工作时间和休息休假；

（六）劳动报酬；

（七）社会保险；

（八）劳动保护、劳动条件和职业危害防护；

（九）法律、法规规定应当纳入劳动合同的其他事项。

劳动合同除前款规定的必备条款外，用人单位与劳动者可以约定试用期、培训、保守秘密、补充保险和福利待遇等其他事项。

第十八条 劳动合同对劳动报酬和劳动条件等标准约定不明确，引发争议的，用人单位与劳动者可以重新协商；协商不成的，适用集体合同规定；没有集体合同或者集体合同未规定劳动报酬的，实行同工同酬；没有集体合同或者集体合同未规定劳动条件等标准的，适用国家有关规定。

第十九条 劳动合同期限三个月以上不满一年的，试用期不得超过一个月；劳动合同期限一年以上不满三年的，试用期不得超过二个月；三年以上固定期限和无固定期限的劳动合同，试用期不得超过六个月。

同一用人单位与同一劳动者只能约定一次试用期。

以完成一定工作任务为期限的劳动合同或者劳动合同期限不满三个月的，不得约定试用期。

试用期包含在劳动合同期限内。劳动合同仅约定试用期的，试用期不成立，该期限为劳动合同期限。

第二十条 劳动者在试用期的工资不得低于本单位相同岗位最低档工资或者劳动合同约定工资的百分之八十，并不得低于用人单位所在地的最低工资标准。

第二十一条 在试用期中，除劳动者有本法第三十九条和第四十条第一项、第二项规定的情形外，用人单位不得解除劳动合同。用人单位在试用期解除劳动合同的，应当向劳动者说明理由。

第二十二条 用人单位为劳动者提供专项培训费用，对其进行专业技术培训的，可以与该劳动者订立协议，约定服务期。

劳动者违反服务期约定的，应当按照约定向用人单位支付违约金。违约金的数额不得超过用人单位提供的培训费用。用人单位要求劳动者支付的违约金不得超过服务期尚未履行部分所应分摊的培训费用。

用人单位与劳动者约定服务期的，不影响按照正常的工资调整机制提高劳动者在服务期期间的劳动报酬。

第二十三条 用人单位与劳动者可以在劳动合同中约定保守用人单位的商业秘密和与知识产权相关的保密事项。

对负有保密义务的劳动者，用人单位可以在劳动合同或者保密协议中与劳动者约定竞业限制条款，并约定在解除或者终止劳动合同后，在竞业限制期限内按月给予劳动者经济补偿。劳动者违反竞业限制约定的，应当按照约定向用人单位支付违约金。

第二十四条 竞业限制的人员限于用人单位的高级管理人员、高级技术人员和其他负有保密义务的人员。竞业限制的范围、地域、期限由用人单位与劳动者约定，竞业限制的约定不得违反法律、法规的规定。

在解除或者终止劳动合同后，前款规定的人员到与本单位生产或者经营同类产品、从事同类业务的有竞争关系的其他用人单位，或者自己开业生产或者经营同类产品、从事同类业务的竞业限制期限，不得超过二年。

第二十五条 除本法第二十二条和第二十三条规定的情形外，用人单位不得与劳动者约定由劳动者承担违约金。

第二十六条 下列劳动合同无效或者部分无效：

（一）以欺诈、胁迫的手段或者乘人之危，使对方在违背真实意思的情况下订立或者变更劳动合同的；

（二）用人单位免除自己的法定责任、排除劳动者权利的；

（三）违反法律、行政法规强制性规定的。

对劳动合同的无效或者部分无效有争议的，由劳动争议仲裁机构或者人民法院确认。

第二十七条 劳动合同部分无效，不影响其他部分效力的，其他部分仍然有效。

第二十八条 劳动合同被确认无效，劳动者已付出劳动的，用人单位应当向劳动者支付劳动报酬。劳动报酬的数额，参照本单位相同或者相近岗位劳动者的劳动报酬确定。

第三章 劳动合同的履行和变更

第二十九条 用人单位与劳动者应当按照劳动合同的约定，全面履行各自的义务。

第三十条 用人单位应当按照劳动合同约定和国家规定，向劳动者及时足额支付劳动报酬。

用人单位拖欠或者未足额支付劳动报酬的，劳动者可以依法向当地人民法院申请支付令，人民法院应当依法发出支付令。

第三十一条 用人单位应当严格执行劳动定额标准，不得强迫或者变相强迫劳动者加班。用人单位安排加班的，应当按照国家有关规定向劳动者支付加班费。

第三十二条 劳动者拒绝用人单位管理人员违章指挥、强令冒险作业的，不视为违反劳动合同。

劳动者对危害生命安全和身体健康的劳动条件，有权对用人单位提出批评、检举和控告。

第三十三条 用人单位变更名称、法定代表人、主要负责人或者投资人等事项，不影响劳动合同的履行。

第三十四条 用人单位发生合并或者分立等情况，原劳动合同继续有效，劳动合同由承继其权利和义务的用人单位继续履行。

第三十五条 用人单位与劳动者协商一致，可以变更劳动合同约定的内容。变更劳动合同，应当采用书面形式。

变更后的劳动合同文本由用人单位和劳动者各执一份。

第四章 劳动合同的解除和终止

第三十六条 用人单位与劳动者协商一致，可以解除劳动合同。

第三十七条 劳动者提前三十日以书面形式通知用人单位，可以解除劳动合同。劳动者在试用期内提前三日通知用人单位，可以解除劳动合同。

第三十八条 用人单位有下列情形之一的，劳动者可以解除劳动合同：

（一）未按照劳动合同约定提供劳动保护或者劳动条件的；

（二）未及时足额支付劳动报酬的；

（三）未依法为劳动者缴纳社会保险费的；

（四）用人单位的规章制度违反法律、法规的规定，损害劳动者权益的；

（五）因本法第二十六条第一款规定的情形致使劳动合同无效的；

（六）法律、行政法规规定劳动者可以解除劳动合同的其他情形。

用人单位以暴力、威胁或者非法限制人身自由的手段强迫劳动者劳动的，或者用人单位违章指挥、强令冒险作业危及劳动者人身安全的，劳动者可以立即解除劳动合同，不需事先告知用人单位。

第三十九条　劳动者有下列情形之一的，用人单位可以解除劳动合同：

（一）在试用期间被证明不符合录用条件的；

（二）严重违反用人单位的规章制度的；

（三）严重失职，营私舞弊，给用人单位造成重大损害的；

（四）劳动者同时与其他用人单位建立劳动关系，对完成本单位的工作任务造成严重影响，或者经用人单位提出，拒不改正的；

（五）因本法第二十六条第一款第一项规定的情形致使劳动合同无效的；

（六）被依法追究刑事责任的。

第四十条　有下列情形之一的，用人单位提前三十日以书面形式通知劳动者本人或者额外支付劳动者一个月工资后，可以解除劳动合同：

（一）劳动者患病或者非因工负伤，在规定的医疗期满后不能从事原工作，也不能从事由用人单位另行安排的工作的；

（二）劳动者不能胜任工作，经过培训或者调整工作岗位，仍不能胜任工作的；

（三）劳动合同订立时所依据的客观情况发生重大变化，致使劳动合同无法履行，经用人单位与劳动者协商，未能就变更劳动合同内容达成协议的。

第四十一条　有下列情形之一，需要裁减人员二十人以上或者裁减不足二十人但占企业职工总数百分之十以上的，用人单位提前三十日向工会或者全体职工说明情况，听取工会或者职工的意见后，裁减人员方案经向劳动行政部门报告，可以裁减人员：

（一）依照企业破产法规定进行重整的；

（二）生产经营发生严重困难的；

（三）企业转产、重大技术革新或者经营方式调整，经变更劳动合同后，仍需裁减人员的；

（四）其他因劳动合同订立时所依据的客观经济情况发生重大变化，致使劳动合同无法履行的。

裁减人员时，应当优先留用下列人员：

（一）与本单位订立较长期限的固定期限劳动合同的；

（二）与本单位订立无固定期限劳动合同的；

（三）家庭无其他就业人员，有需要扶养的老人或者未成年人的。

用人单位依照本条第一款规定裁减人员，在六个月内重新招用人员的，应当通知被裁减的人员，并在同等条件下优先招用被裁减的人员。

第四十二条 劳动者有下列情形之一的，用人单位不得依照本法第四十条、第四十一条的规定解除劳动合同：

（一）从事接触职业病危害作业的劳动者未进行离岗前职业健康检查，或者疑似职业病病人在诊断或者医学观察期间的；

（二）在本单位患职业病或者因工负伤并被确认丧失或者部分丧失劳动能力的；

（三）患病或者非因工负伤，在规定的医疗期内的；

（四）女职工在孕期、产期、哺乳期的；

（五）在本单位连续工作满十五年，且距法定退休年龄不足五年的；

（六）法律、行政法规规定的其他情形。

第四十三条 用人单位单方解除劳动合同，应当事先将理由通知工会。用人单位违反法律、行政法规规定或者劳动合同约定的，工会有权要求用人单位纠正。用人单位应当研究工会的意见，并将处理结果书面通知工会。

第四十四条 有下列情形之一的，劳动合同终止：

（一）劳动合同期满的；

（二）劳动者开始依法享受基本养老保险待遇的；

（三）劳动者死亡，或者被人民法院宣告死亡或者宣告失踪的；

（四）用人单位被依法宣告破产的；

（五）用人单位被吊销营业执照、责令关闭、撤销或者用人单位决定提前解散的；

（六）法律、行政法规规定的其他情形。

第四十五条 劳动合同期满，有本法第四十二条规定情形之一的，劳动合同应当续延至相应的情形消失时终止。但是，本法第四十二条第二项规定丧失或者部分丧失劳动能力劳动者的劳动合同的终止，按照国家有关工伤保险的规定执行。

第四十六条 有下列情形之一的，用人单位应当向劳动者支付经济补偿：

（一）劳动者依照本法第三十八条规定解除劳动合同的；

（二）用人单位依照本法第三十六条规定向劳动者提出解除劳动合同并与劳动者协商一致解除劳动合同的；

（三）用人单位依照本法第四十条规定解除劳动合同的；

（四）用人单位依照本法第四十一条第一款规定解除劳动合同的；

（五）除用人单位维持或者提高劳动合同约定条件续订劳动合同，劳动者不同意续订的情形外，依照本法第四十四条第一项规定终止固定期限劳动合同的；

（六）依照本法第四十四条第四项、第五项规定终止劳动合同的；

（七）法律、行政法规规定的其他情形。

第四十七条 经济补偿按劳动者在本单位工作的年限，每满一年支付一个月工资的标准向劳动者支付。六个月以上不满一年的，按一年计算；不满六个月的，向劳动者支付半个月工资的经济补偿。

劳动者月工资高于用人单位所在直辖市、设区的市级人民政府公布的本地区上年度职工月平均工资三倍的，向其支付经济补偿的标准按职工月平均工资三倍的数额支付，向其支付经济补偿的年限最高不超过十二年。

本条所称月工资是指劳动者在劳动合同解除或者终止前十二个月的平均工资。

第四十八条 用人单位违反本法规定解除或者终止劳动合同，劳动者要求继续履行劳动合同的，用人单位应当继续履行；劳动者不要求继续履行劳动合同或者劳动合同已经不能继续履行的，用人单位应当依照本法第八十七条规定支付赔偿金。

第四十九条 国家采取措施，建立健全劳动者社会保险关系跨地区转移接续制度。

第五十条 用人单位应当在解除或者终止劳动合同时出具解除或者终止劳动合同的证明，并在十五日内为劳动者办理档案和社会保险关系转移手续。

劳动者应当按照双方约定，办理工作交接。用人单位依照本法有关规定应当向劳动者支付经济补偿的，在办结工作交接时支付。

用人单位对已经解除或者终止的劳动合同的文本，至少保存二年备查。

第五章 特别规定

第一节 集体合同

第五十一条 企业职工一方与用人单位通过平等协商，可以就劳动报酬、工作时间、休息休假、劳动安全卫生、保险福利等事项订立集体合同。集体合同草案应当提交职工代表大会或者全体职工讨论通过。

集体合同由工会代表企业职工一方与用人单位订立；尚未建立工会的用人单位，由上级工会指导劳动者推举的代表与用人单位订立。

第五十二条 企业职工一方与用人单位可以订立劳动安全卫生、女职工权益保护、工资调整机制等专项集体合同。

第五十三条 在县级以下区域内，建筑业、采矿业、餐饮服务业等行业可以由工会与企业方面代表订立行业性集体合同，或者订立区域性集体合同。

第五十四条 集体合同订立后，应当报送劳动行政部门；劳动行政部门自收到集体合同文本之日起十五日内未提出异议的，集体合同即行生效。

依法订立的集体合同对用人单位和劳动者具有约束力。行业性、区域性集体合同对当地本行业、本区域的用人单位和劳动者具有约束力。

第五十五条 集体合同中劳动报酬和劳动条件等标准不得低于当地人民政府规定的最低标准；用人单位与劳动者订立的劳动合同中劳动报酬和劳动条件等标准不得低于集体合同规定的标准。

第五十六条 用人单位违反集体合同，侵犯职工劳动权益的，工会可以依法要求用人单位承担责任；因履行集体合同发生争议，经协商解决不成的，工会可以依法申请仲裁、提起诉讼。

第二节 劳务派遣

第五十七条 劳务派遣单位应当依照公司法的有关规定设立，注册资本不得少于五十万元。

第五十八条 劳务派遣单位是本法所称用人单位，应当履行用人单位对劳动者的义务。劳务派遣单位与被派遣劳动者订立的劳动合同，除应当载明本法第十七条规定的事项外，还应当载明被派遣劳动者的用工单位以及派遣期限、工作岗位等情况。

劳务派遣单位应当与被派遣劳动者订立二年以上的固定期限劳动合同，按月支付劳动报酬；被派遣劳动者在无工作期间，劳务派遣单位应当按照所在地人民政府规定的最低工资标准，向其按月支付报酬。

第五十九条 劳务派遣单位派遣劳动者应当与接受以劳务派遣形式用工的单位（以下称用工单位）订立劳务派遣协议。劳务派遣协议应当约定派遣岗位和人员数量、派遣期限、劳动报酬和社会保险费的数额与支付方式以及违反协议的责任。

用工单位应当根据工作岗位的实际需要与劳务派遣单位确定派遣期限，不得将连续用工期限分割订立数个短期劳务派遣协议。

第六十条 劳务派遣单位应当将劳务派遣协议的内容告知被派遣劳动者。

劳务派遣单位不得克扣用工单位按照劳务派遣协议支付给被派遣劳动者的劳动报酬。

劳务派遣单位和用工单位不得向被派遣劳动者收取费用。

第六十一条 劳务派遣单位跨地区派遣劳动者的，被派遣劳动者享有的劳动报酬和劳动条件，按照用工单位所在地的标准执行。

第六十二条 用工单位应当履行下列义务：

（一）执行国家劳动标准，提供相应的劳动条件和劳动保护；

（二）告知被派遣劳动者的工作要求和劳动报酬；

（三）支付加班费、绩效奖金，提供与工作岗位相关的福利待遇；

（四）对在岗被派遣劳动者进行工作岗位所必需的培训；

（五）连续用工的，实行正常的工资调整机制。

用工单位不得将被派遣劳动者再派遣到其他用人单位。

第六十三条 被派遣劳动者享有与用工单位的劳动者同工同酬的权利。用工单位无同类岗位劳动者的，参照用工单位所在地相同或者相近岗位劳动者的劳动报酬确定。

第六十四条 被派遣劳动者有权在劳务派遣单位或者用工单位依法参加或者组织工会，维护自身的合法权益。

第六十五条 被派遣劳动者可以依照本法第三十六条、第三十八条的规定与劳务派遣单位解除劳动合同。

被派遣劳动者有本法第三十九条和第四十条第一项、第二项规定情形的，用工单位可以将劳动者退回劳务派遣单位，劳务派遣单位依照本法有关规定，可以与劳动者解除劳动合同。

第六十六条 劳务派遣一般在临时性、辅助性或者替代性的工作岗位上实施。

第六十七条 用人单位不得设立劳务派遣单位向本单位或者所属单位派遣劳动者。

第三节 非全日制用工

第六十八条 非全日制用工，是指以小时计酬为主，劳动者在同一用人单位一般平均每日工作时间不超过四小时，每周工作时间累计不超过二十四小时的用工形式。

第六十九条 非全日制用工双方当事人可以订立口头协议。

从事非全日制用工的劳动者可以与一个或者一个以上用人单位订立劳动合同；但是，后订立的劳动合同不得影响先订立的劳动合同的履行。

第七十条 非全日制用工双方当事人不得约定试用期。

第七十一条 非全日制用工双方当事人任何一方都可以随时通知对方终止用工。终止用工，用人单位不向劳动者支付经济补偿。

第七十二条 非全日制用工小时计酬标准不得低于用人单位所在地人民政府规定的最低小时工资标准。

非全日制用工劳动报酬结算支付周期最长不得超过十五日。

第六章 监督检查

第七十三条 国务院劳动行政部门负责全国劳动合同制度实施的监督管理。

县级以上地方人民政府劳动行政部门负责本行政区域内劳动合同制度实施的监督管理。

县级以上各级人民政府劳动行政部门在劳动合同制度实施的监督管理工作中，应当听取工会、企业方面代表以及有关行业主管部门的意见。

第七十四条 县级以上地方人民政府劳动行政部门依法对下列实施劳动合同制度的情况进行监督检查：

（一）用人单位制定直接涉及劳动者切身利益的规章制度及其执行的情况；

（二）用人单位与劳动者订立和解除劳动合同的情况；

（三）劳务派遣单位和用工单位遵守劳务派遣有关规定的情况；

（四）用人单位遵守国家关于劳动者工作时间和休息休假规定的情况；

（五）用人单位支付劳动合同约定的劳动报酬和执行最低工资标准的情况；

（六）用人单位参加各项社会保险和缴纳社会保险费的情况；

（七）法律、法规规定的其他劳动监察事项。

第七十五条 县级以上地方人民政府劳动行政部门实施监督检查时，有权查阅与劳动合同、集体合同有关的材料，有权对劳动场所进行实地检查，用人单位和劳动者都应当如实提供有关情况和材料。

劳动行政部门的工作人员进行监督检查，应当出示证件，依法行使职权，文明执法。

第七十六条 县级以上人民政府建设、卫生、安全生产监督管理等有关主管部门在各自职责范围内，对用人单位执行劳动合同制度的情况进行监督管理。

第七十七条 劳动者合法权益受到侵害的，有权要求有关部门依法处理，或者依法申请仲裁、提起诉讼。

第七十八条 工会依法维护劳动者的合法权益，对用人单位履行劳动合同、集体合同的情况进行监督。用人单位违反劳动法律、法规和劳动合同、集体合同的，工会有权提出意见或者要求纠正；劳动者申请仲裁、提起诉讼的，工会依法给予支持和帮助。

第七十九条 任何组织或者个人对违反本法的行为都有权举报，县级以上人民政府劳动行政部门应当及时核实、处理，并对举报有功人员给予奖励。

第七章 法律责任

第八十条 用人单位直接涉及劳动者切身利益的规章制度违反法律、法规规定的，由劳动行政部门责令改正，给予警告；给劳动者造成损害的，应当承担赔偿责任。

第八十一条 用人单位提供的劳动合同文本未载明本法规定的劳动合同必备条款或者用人单位未将劳动合同文本交付劳动者的，由劳动行政部门责令改正；给劳动者造成损害的，应当承担赔偿责任。

第八十二条 用人单位自用工之日起超过一个月不满一年未与劳动者订立书面劳动合同的，应当向劳动者每月支付二倍的工资。

用人单位违反本法规定不与劳动者订立无固定期限劳动合同的，自应当订立无固定期限劳动合同之日起向劳动者每月支付二倍的工资。

第八十三条 用人单位违反本法规定与劳动者约定试用期的，由劳动行政部门责令改正；违法约定的试用期已经履行的，由用人单位以劳动者试用期满月工资为标准，按已经履行的超过法定试用期的期间向劳动者支付赔偿金。

第八十四条 用人单位违反本法规定，扣押劳动者居民身份证等证件的，由劳动行政部门责令限期退还劳动者本人，并依照有关法律规定给予处罚。

用人单位违反本法规定，以担保或者其他名义向劳动者收取财物的，由劳动行政部门责令限期退还劳动者本人，并以每人五百元以上二千元以下的标准处以罚款；给劳动者造成损害的，应当承担赔偿责任。

劳动者依法解除或者终止劳动合同，用人单位扣押劳动者档案或者其他物品的，依照前款规定处罚。

第八十五条 用人单位有下列情形之一的，由劳动行政部门责令限期支付劳动报酬、加班费或者经济补偿；劳动报酬低于当地最低工资标准的，应当支付其差额部分；逾期不支付的，责令用人单位按应付金额百分之五十以上百分之一百以下的标准向劳动者加付赔偿金：

（一）未按照劳动合同的约定或者国家规定及时足额支付劳动者劳动报酬的；

（二）低于当地最低工资标准支付劳动者工资的；

（三）安排加班不支付加班费的；

（四）解除或者终止劳动合同，未依照本法规定向劳动者支付经济补偿的。

第八十六条 劳动合同依照本法第二十六条规定被确认无效，给对方造成损害的，有过错的一方应当承担赔偿责任。

第八十七条 用人单位违反本法规定解除或者终止劳动合同的，应当依照本法第四十七条规定的经济补偿标准的二倍向劳动者支付赔偿金。

第八十八条 用人单位有下列情形之一的，依法给予行政处罚；构成犯罪的，依法追究刑事责任；给劳动者造成损害的，应当承担赔偿责任：

（一）以暴力、威胁或者非法限制人身自由的手段强迫劳动的；

（二）违章指挥或者强令冒险作业危及劳动者人身安全的；

（三）侮辱、体罚、殴打、非法搜查或者拘禁劳动者的；

（四）劳动条件恶劣、环境污染严重，给劳动者身心健康造成严重损害的。

第八十九条 用人单位违反本法规定未向劳动者出具解除或者终止劳动合同的书面证明，由劳动行政部门责令改正；给劳动者造成损害的，应当承担赔偿责任。

第九十条 劳动者违反本法规定解除劳动合同，或者违反劳动合同中约定的保密义务或者竞业限制，给用人单位造成损失的，应当承担赔偿责任。

第九十一条 用人单位招用与其他用人单位尚未解除或者终止劳动合同的劳动者，给其他用人单位造成损失的，应当承担连带赔偿责任。

第九十二条 劳务派遣单位违反本法规定的，由劳动行政部门和其他有关主管部门责令改正；情节严重的，以每人一千元以上五千元以下的标准处以罚款，并由工商行政管理部门吊销营业执照；给被派遣劳动者造成损害的，劳务派遣单位与用工单位承担连带赔偿责任。

第九十三条 对不具备合法经营资格的用人单位的违法犯罪行为，依法追究法律责任；劳动者已经付出劳动的，该单位或者其出资人应当依照本法有关规定向劳动者支付劳动报酬、经济补偿、赔偿金；给劳动者造成损害的，应当承担赔偿责任。

第九十四条 个人承包经营违反本法规定招用劳动者，给劳动者造成损害的，发包的组织与个人承包经营者承担连带赔偿责任。

第九十五条 劳动行政部门和其他有关主管部门及其工作人员玩忽职守、不履行法定职责，或者违法行使职权，给劳动者或者用人单位造成损害的，应当承担赔偿责任；对直接负责的主管人员和其他直接责任人员，依法给予行政处分；构成犯罪的，依法追究刑事责任。

第八章 附 则

第九十六条 事业单位与实行聘用制的工作人员订立、履行、变更、解除或者终止劳动合同，法律、行政法规或者国务院另有规定的，依照其规定；未作规定的，依照本法有关规定执行。

第九十七条 本法施行前已依法订立且在本法施行之日存续的劳动合同，继续履行；本法第十四条第二款第三项规定连续订立固定期限劳动合同的次数，自本法施行后续订固定期限劳动合同时开始计算。

本法施行前已建立劳动关系，尚未订立书面劳动合同的，应当自本法施行之日起一个月内订立。

本法施行之日存续的劳动合同在本法施行后解除或者终止，依照本法第四十六条规定应当支付经济补偿的，经济补偿年限自本法施行之日起计算；本法施行前按照当时有关规定，用人单位应当向劳动者支付经济补偿的，按照当时有关规定执行。

第九十八条 本法自 2008 年 1 月 1 日起施行。

附录二

全国年节及纪念日放假办法

第一条 为统一全国年节及纪念日的假期，制定本办法。

第二条 全体公民放假的节日：

（一）新年，放假1天（1月1日）；

（二）春节，放假3天（农历除夕、正月初一、初二）；

（三）清明节，放假1天（农历清明当日）；

（四）劳动节，放假1天（5月1日）；

（五）端午节，放假1天（农历端午当日）；

（六）中秋节，放假1天（农历中秋当日）；

（七）国庆节，放假3天（10月1日、2日、3日）。

第三条 部分公民放假的节日及纪念日：

（一）妇女节（3月8日），妇女放假半天；

（二）青年节（5月4日），14周岁以上的青年放假半天；

（三）儿童节（6月1日），不满14周岁的少年儿童放假1天；

（四）中国人民解放军建军纪念日（8月1日），现役军人放假半天。

第四条 少数民族习惯的节日，由各少数民族聚居地区的地方人民政府，按照各该民族习惯，规定放假日期。

第五条 二七纪念日、五卅纪念日、七七抗战纪念日、九三抗战胜利纪念日、九一八纪念日、教师节、护士节、记者节、植树节等其他节日、纪念日，均不放假。

第六条 全体公民放假的假日，如果适逢星期六、星期日，应当在工作日补假。部分公民放假的假日，如果适逢星期六、星期日，则不补假。

第七条 本办法自公布之日起施行。

附录三

职工带薪年休假条例

第一条 为了维护职工休息休假权利，调动职工工作积极性，根据劳动法和公务员法，制定本条例。

第二条 机关、团体、企业、事业单位、民办非企业单位、有雇工的个体工商户等单位的职工连续工作 1 年以上的，享受带薪年休假（以下简称年休假）。单位应当保证职工享受年休假。职工在年休假期间享受与正常工作期间相同的工资收入。

第三条 职工累计工作已满 1 年不满 10 年的，年休假 5 天；已满 10 年不满 20 年的，年休假 10 天；已满 20 年的，年休假 15 天。

国家法定休假日、休息日不计入年休假的假期。

第四条 职工有下列情形之一的，不享受当年的年休假：

（一）职工依法享受寒暑假，其休假天数多于年休假天数的；

（二）职工请事假累计 20 天以上且单位按照规定不扣工资的；

（三）累计工作满 1 年不满 10 年的职工，请病假累计 2 个月以上的；

（四）累计工作满 10 年不满 20 年的职工，请病假累计 3 个月以上的；

（五）累计工作满 20 年以上的职工，请病假累计 4 个月以上的。

第五条 单位根据生产、工作的具体情况，并考虑职工本人意愿，统筹安排职工年休假。

年休假在 1 个年度内可以集中安排，也可以分段安排，一般不跨年度安排。单位因生产、工作特点确有必要跨年度安排职工年休假的，可以跨 1 个年度安排。

单位确因工作需要不能安排职工休年休假的，经职工本人同意，可以不安排职工休年休假。对职工应休未休的年休假天数，单位应当按照该职工日工资收入的 300％支付年休假工资报酬。

第六条 县级以上地方人民政府人事部门、劳动保障部门应当依据职权对单位执行本条例的情况主动进行监督检查。

工会组织依法维护职工的年休假权利。

第七条 单位不安排职工休年休假又不依照本条例规定给予年休假工资报酬的，由县级以上地方人民政府人事部门或者劳动保障部门依据职权责令限期改正；对逾期不改正的，除责令该单位支付年休假工资报酬外，单位还应当按照年休假工资报酬的数额向职工加付赔偿金；对拒不支付年休假工资报酬、赔偿金的，属于公务员和参照公务员法管理的人员所在单位的，对直接负责的主管人员以及其他直接责任人员依法给予处分；属于其他单位的，由劳动保障部门、人事部门或者职工申请人民法院强制执行。

第八条 职工与单位因年休假发生的争议，依照国家有关法律、行政法规的规定处理。

第九条 国务院人事部门、国务院劳动保障部门依据职权，分别制定本条例的实施办法。

第十条 本条例自 2008 年 1 月 1 日起施行。

附录四

中华人民共和国档案法

第一章　总　　则

第一条　为了加强对档案的管理和收集、整理工作，有效地保护和利用档案，为社会主义现代化建设服务，制定本法。

第二条　本法所称的档案，是指过去和现在的国家机构、社会组织以及个人从事政治、军事、经济、科学、技术、文化、宗教等活动直接形成的对国家和社会有保存价值的各种文字、图表、声像等不同形式的历史记录。

第三条　一切国家机关、武装力量、政党、社会团体、企业事业单位和公民都有保护档案的义务。

第四条　各级人民政府应当加强对档案工作的领导，把档案事业的建设列入国民经济和社会发展计划。

第五条　档案工作实行统一领导、分级管理的原则，维护档案完整与安全，便于社会各方面的利用。

第二章　档案机构及其职责

第六条　国家档案行政管理部门主管全国档案事业，对全国的档案事业实行统筹规划，组织协调，统一制度，监督和指导。

县级以上地方各级人民政府的档案行政管理部门主管本行政区域内的档案事业，并对本行政区域内机关、团体、企业事业单位和其他组织的档案工作实行监督和指导。

乡、民族乡、镇人民政府应当指定人员负责保管本机关的档案，并对所属单位的档案工作实行监督和指导。

第七条　机关、团体、企业事业单位和其他组织的档案机构或者档案工作人员，负责保管本单位的档案，并对所属机构的档案工作实行监督和指导。

第八条 中央和县级以上地方各级各类档案馆，是集中管理档案的文化事业机构，负责接收、整理、保管和提供利用各分管范围内的档案。

第九条 档案工作人员应当忠于职守，遵守纪律，具备专业知识。

在档案的收集、整理、保护和提供利用等方面成绩显著的单位或者个人，由各级人民政府给予奖励。

第三章 档案的管理

第十条 对国家规定的应当立卷归档的材料，必须按照规定，定期向本单位档案机构或者档案工作人员移交，集中管理，任何个人不得据为己有。

国家规定不得归档的材料，禁止擅自归档。

第十一条 机关、团体、企业事业单位和其他组织必须按照国家规定，定期向档案馆移交档案。

第十二条 博物馆、图书馆、纪念馆等单位保存的文物、图书资料同时是档案的，可以按照法律和行政法规的规定，由上述单位自行管理。

档案馆与上述单位应当在档案的利用方面互相协作。

第十三条 各级各类档案馆，机关、团体、企业事业单位和其他组织的档案机构，应当建立科学的管理制度，便于对档案的利用；配置必要的设施；确保档案的安全；采用先进技术，实现档案管理的现代化。

第十四条 保密档案的管理和利用，密级的变更和解密，必须按照国家有关保密的法律和行政法规的规办理。

第十五条 鉴定档案保存价值的原则、保管期限的标准以及销毁档案的程序和办法，由国家档案行政管理部门制定。禁止擅自销毁档案。

第十六条 集体所有的和个人所有的对国家和社会具有保存价值的或者应当保密的档案，档案所有者应当妥善保管。对于保管条件恶劣或者其他原因被认为可能导致档案严重损毁和不安全的，国家档案行政管理部门有权采取代为保管等确保档案完整和安全的措施；必要时，可以收购或者征购。

前款所列档案，档案所有者可以向国家档案馆寄存或者出卖；向国家档案馆以外的任何单位或者个人出卖的，应当按照有关规定由县级以上人民政府档案行政管理部门批准。严禁倒卖牟利，严禁卖给或者赠送给外国人。

向国家捐赠档案的，档案馆应当予以奖励。

第十七条 禁止出卖属于国家所有的档案。

国有企业事业单位资产转让时，转让有关档案的具体办法由国家档案行政管理部门制定。

档案复制件的交换、转让和出卖，按照国家规定办理。

第十八条 属于国家所有的档案和本法第十六条规定的档案以及这些档案的复制件，禁止私自携运出境。

第四章 档案的利用职权和公布

第十九条 国家档案馆保管的档案，一般应当自形成之日起满三十年向社会开放。经济、科学、技术、文化等类档案向社会开放的期限，可以少于三十年，涉及国家安全或者重大利益以及其他到期不宜开放的档案向社会开放的期限，可以多于三十年，具体期限由国家档案行政管理部门制定，报国务院批准施行。

档案馆应当定期公布开放档案的目录。并为档案的利用创造条件，简化手续，提供方便。

中华人民共和国公民和组织持有合法证明，可以利用已经开放的档案。

第二十条 机关、团体、企业事业单位和其他组织以及公民根据经济建设、国防建设、教学科研和其他各项工作的需要，可以按照有关规定，利用档案馆未开放的档案以及有关机关、团体、企业事业单位和其他组织保存的档案。

利用未开放档案的办法，由国家、档案行政管理部门和有关主管部门规定。

第二十一条 向档案馆移交、捐赠、寄存档案的单位和个人，对其档案享有优先利用权，并可对其档案中不宜向社会开放的部分提出限制利用的意见，档案馆应当维护他们的合法权益。

第二十二条 属于国家所有的档案，由国家授权的档案馆或者有关机关公布；未经档案馆或者有关机关同意，任何组织和个人无权公布。

集体所有的和个人所有的档案，档案的所有者有权公布，但必须遵守国家有关规定，不得损害国家安全和利益，不得侵犯他人的合法权益。

第二十三条 各级各类档案馆应当配备研究人员，加强对档案的研究整理，有计划地组织编辑出版档案材料，在不同范围内发行。

第五章 法律责任

第二十四条 有下列行为之一的，由县级以上人民政府档案行政管理部门、有关主管部门对直接负责的主管人员或者其他直接责任人员依法给予行政处分；构成犯罪的，依法追究刑事责任：

（一）损毁、丢失属于国家所有的档案的；

（二）擅自提供、抄录、公布、销毁属于国家所有的档案的；

（三）涂改、伪造档案的；

（四）违反本法第十六条、第十七条规定，擅自出卖或者转让档案的；

（五）倒卖档案牟利或者将档案卖给、赠送外国人的；

（六）违反本法第十条、第十一条规定，不按规定归档或者不按期移交档案的；

（七）明知所保存的档案面临危险而不采取措施，造成档案损失的；

（八）档案工作人员玩忽职守，造成档案损失的。

在利用档案馆的档案中，有前款第一项、第二项、第三项违法行为的，由县级以上人民政府档案行政管理部门给予警告，可以并处罚款；造成损失的，责令赔偿损失。

企业事业组织或者个人有第一款第四项、第五项违法行为的由县级以上人民政府档案行政管理部门给予警告，可以并处罚款；有违法所得的，没收违法所得；并可以依照本法第十六条的规定征购所聘或者赠送的档案。

第二十五条 携运禁止出境的档案或者其复制件出境的，由海关予以没收，可以并处罚款；并将没收的档案或者其复制件移交档案行政管理部门；构成犯罪的，依法追究刑事责任。

第六章 附则

第二十六条 本法实施办法，由国家档案行政管理部门制定，报国务院批准后施行。

第二十七条 本法自 1988 年 1 月 1 日起施行。

测试题及参考答案

测 试 题

一、术语解释

1. 企业行政管理

2. 企业规章

3. 会议简介

4. 企业文件

二、选择题

1. 生活区的卫生管理包括（　　）。

A. 员工宿舍　　B. 餐厅　　C. 娱乐场所　　D. 福利社区

2. 办公室是管理活动的重要场地，要求（　　）。

A. 明快　　B. 整洁　　C. 方便　　D. 实用

3. 在企业章程种类中，下列属于人事规章的是（　　）。

A. 资格规章　　B. 采购规章

C. 职务权限规章　　D. 生产管理规章

4. 在车辆管理比较容易忽视和遗忘的是车辆的（　　）。

A. 检查　　B. 整备　　C. 清扫　　D. 加保

5. 在办公室内部设计模型的制作中，（　　）是所有方法中费用最昂贵的，然而也是直观的。

A. 建造一些与办公室同样大小的复制品

B. 使用按比例制成的现场模型台

C. 使用塑料模板制作

D. 用彩色纸剪成各种形状的设备

6. 在办公用品中，下列属于办公设备设施附件的是（　　）。

A. 通信用具　　B. 笔记用具

C. 绘图文具　　D. 文件柜

7. 下列属于非永久性文件的是（　　）。

A. 会计决算文件　　B. 工作手册

C. 履历表　　D. 法院裁决文件

8. 在印刷品的类别中，下列属于事务印刷品的是（　　）。

A. 表单类　　B. 册子　　C. 信封　　D. PR 文件

9. 属于人力资源规章的有（　　）。

A. 职务权限规章　　B. 工资细则

C. 生产管理规章　　D. 人事考核规章

10. 下列属于公务费的有（　　）。

A. 津贴　　B. 奖金　　C. 差旅费　　D. 办公用品费

三、填空题

1. 从过程来看，企业行政管理主要由________、________、________和________四项基本职能。

2. 企业行政管理的协调职能是为了________的目标，使企业内外的各种工作能始终保持良好的配合关系。

3. 办公楼地点的选择要遵循以下原则：________、________和________。

4. 办公室的内部设计应当有利于员工之间、部门之间的________与________。

5. 履行介绍信签批手续，有利于________和________。

6. 要做好企业预算资金管理工作首先必须进行________，上报审批，然后对拨款后的资金进行使用管理。

7. 企业接待的规格主要指接待的________及________，一般根据来客的具体情况确定。

8. ________是就某一项工作、某一个问题召开的，会议任务比较单一，讨论的问题比较集中，参加会议的人员除了领导人员之外，也可吸收一些熟悉业务的相关人员或者专家参加。

9. 企业需要培训的员工有________、________和________。

10. 企业收文处理包括对所收公文的________、________、________和________等环节。

四、思考题

1. 企业行政管理部门的职责是什么?

2. 如何进行办公用房分配。

3. 对会议的资料分发该如何控制?

4. 办公设备管理的关键是什么?

5. 请简述，如果你作为一个企业的行政主管，该如何安排好自己的工作?

参考答案

一、术语解释

1. 企业行政管理包括企业管理和行政管理，是指依靠企业行政组织、按照行政渠道管理企业的方法。

2. 企业规章是指企业对有关经营的各种业务的营运及处理制定出一定的处理准则，并实行文件化。

3. 会议简介包括会议名称、召开地点、主办单位、参加人员、会议议题、会程安排、召开的背景、会议预期效果等。

4. 企业文件主要是指企业经或活动的信息传递与信息保存的载体。

二、选择题

1. ABCD　2. ABCD　3. A　4. ABC　5. A　6. D　7. C　8. AC　9. BD　10. CD

三、填空题

1. 计划、组织、协调和控制

2. 实现企业行政管理

3. 环境优美、交通便利、便于协调

4. 沟通、联系

5. 防止个人乱用介绍信、企业领导掌握情况

6. 行政经费预算编制

7. 条件、陪同者的级别

8. 专题性会议

9. 可以改进工作的人、需要掌握技术的人、有潜力的人

10. 登记、拟办、承办和催办

四、思考题

1. 做好行政办公管理工作是企业有效运转的重要前提，也是经营者提高企业管理水平的一个主要切入点。企业行政管理部门的职责包含以下内容：

（1）公文处理

公文处理包括公文起草，比如起草通知、通告、公告、布告、报告、批复、决定、决议、指示、工作计划、工作总结等。同时，为领导起草重要会议的讲话稿，或寻找及提供相关的资料。公文处理还包括公文的发布、递送、传达及保管等工作。公文的保存应该分门别类妥善地进行。要保证企业任何时期的任何正式文件都能及时地找到。

（2）通信管理

通信是企业的重要活动之一。随着信息化进程的加快，企业的通信方式越来越多，如传统的信函、电话、电报到现在的传真、电子邮件、因特网等；企业的通信设备在增多，比如电话交换机、传真机、计算机等。行政部门要负责企业的通信管理，它是企业的信函、电话、传真、电子邮件等的转发中心。

（3）资产管理

行政部门一般负责企业的办公用品及固定资产的购买和管理，所以办公成本的控制是行政部门的重要职责之一。降低了办公成本，就相当于提高了企业的效益。办公用品的采购在满足正常办公需要的同时，还要尽可能减少采购的品补和数量。行政部门可以制定相关的管理制度，比如采取“定量发放”“以旧换新”等措施。来提倡员工节约使用办公用品。对于常用的消耗性办公用品，比如打印纸、复印纸、传真纸、签字笔等。可以定期进行批量采购，有效地降低成本。对于固定资产的采购不能贪便宜，要注意其质量及售后服务。

（4）会议管理

会议是企业一项重要的活动，而行政部门是会议的管理部门。首先，行政部门要做好会议准备工作，包括会议日程的安排、会议材料的准备、会议通

知、会场的布置等，在会议进行时，要进行会议记录，并做好会议服务工作，会议结束后，行政部门要整理会议记录，编写印发会议决定、会议纪要等文件。在具体工作中，行政部门会涉及很多企业机密，比如上级机密文件、资料、传真以及本企业生产的机密文件。

(5) 事务管理

行政部门有很多日常事务需要进行处理，比如安全保卫工作、卫生工作、财产管理、车辆管理、图书资料管理、生活福利管理，等等。这些日常事务管理非常琐碎，但也占据着行政人员的大量时间。

行政部门是企业的服务和管理部门，所以对行政总监的自身素质有着较高的要求：行政部门应该建立起自身的部门职责和各岗位责任，对行政人员进行本岗位业务素质的培训；另外，从行政管理角度来讲，应该有适合企业实际的行政工作流程和工作表单，以提高行政管理的工作效率。

2. (1) 本企业供办公使用的房屋的间数、总面积、员工总数及科室部门设置的数目。

(2) 需分配办公用房的部门人员情况及业务量的情况。

(3) 各部门的人员及业务可能出现的变化。

在掌握以上这些情况的基础上，根据各科室的实际需要，安排他们办公的地点、楼层并分配房间。分配时，应该优先安排和保证业务用房，尽可能创造良好的业务工作条件，并把业务往来密切的科室安排在一起。

在保证基本工作条件的情况下，尽可能压缩办公用房、辅助生产用房。

3. 在会务资料较多、较杂的情况下，资料的管理是会务工作中的难点，不仅要分类清楚，而且每天要清晰地掌握资料库存量，具体操作时可以设计一个表格来清晰明了地列出会务资料的详细情况。

在一些大型展览会上，索取资料的人员一般都很多，因此，应做到以下几点：

(1) 会前需对每种资料了如指掌，以便针对不同的客户发放不同成套的资料，并与展台总负责人商量成套的份数及发放小礼品的原则。

(2) 会前应统一确定资料发放的原则。

(3) 会前应根据发放原则确定出大致的资料数量，重点展览设备及其他设备的资料应区别准备。

（4）每天清点资料余量。将每天的资料用量清清楚楚地列在上面，既可把握资料的发放状况，又可知道每天的用量，以便领导了解资料发放的数量及合理控制。发现少缺，则向总部请求支援。

4. 办公设备管理上的关键其实是企业为了求统一各式各样的管理准则而设立的。其关键是：

（1）办公设备表单格式统一化。

（2）办公设备管理编号统一化，其形式、尺寸规格等都有一定的编号。

（3）办公设备的一览表的制定和种类的分类表的设定，商品折旧额一览表的设定等。

5.（略）